当代文化企业管理与资产评估研究

暴　迪　著

北京工业大学出版社

图书在版编目（CIP）数据

当代文化企业管理与资产评估研究 / 暴迪著. — 北京 ：北京工业大学出版社， 2025.7重印
ISBN 978-7-5639-6870-1

Ⅰ. ①当… Ⅱ. ①暴… Ⅲ. ①文化产业－企业管理－资产评估－研究－中国 Ⅳ. ①G124

中国版本图书馆 CIP 数据核字（2019）第 145709 号

当代文化企业管理与资产评估研究

著　　者：暴　迪
责任编辑：李倩倩
封面设计：点墨轩阁
出版发行：北京工业大学出版社
（北京市朝阳区平乐园 100 号　邮编：100124）
010-67391722（传真）　bgdcbs@sina.com
经销单位：全国各地新华书店
承印单位：三河市元兴印务有限公司
开　　本：710 毫米 ×1000 毫米　1/16
印　　张：12.75
字　　数：255 千字
版　　次：2021 年 10 月第 1 版
印　　次：2025 年 7 月第 4 次印刷
标准书号：ISBN 978-7-5639-6870-1
定　　价：40.00 元

前　言

当下，文化建设是中国特色社会主义建设的重要内容之一，十九大报告明确提出要推动文化产业的快速发展，使之成为国民经济的支柱性产业。中国文化企业迎来了快速发展的战略机遇期。在这种形势下，文化企业的建设成为一个极其紧迫的任务摆在了我们的面前。

本书第一章为绪论，主要阐述了文化企业的定义与特征、文化企业的筹资与投资以及文化企业管理的基本内容；第二章为国内外文化产业的发展与融资模式，主要阐述了我国文化产业的发展、国际文化产业的发展以及我国文化产业的融资模式和国际文化产业的融资模式等内容；第三章为文化企业的治理结构与组织设计，主要阐述了文化企业的治理结构、文化企业的组织设计以及文化企业的组织文化等内容；第四章为当代文化企业的经营管理，主要阐述了文化企业的财务管理、文化企业的人力资源管理以及文化企业的无形资产管理等内容；第五章为当代文化企业的战略管理，主要阐述了文化企业的经营战略、文化企业的职能战略以及文化企业的联合战略等内容；第六章为当代文化企业的投融资管理，主要阐述了文化企业投资决策、文化企业投资评价以及企业投资的模式和融资工具与金融市场等内容；第七章为当代文化企业的价值评估，主要阐述了文化资产的价值属性、文化企业的资产构成与特点、文化企业的赢利模式以及文化企业的价值影响因素和文化企业价值评估的方法与适用性等内容；第八章为当代文化企业的著作权资产评估，主要阐述了文化企业著作权资产特点与管理运营现状、文化企业著作权资产的价值影响因素以及文化企业著作权资产评估的方法与实务等内容；第九章为当代文化企业上市并购重组中的资产评估，主要阐述了文化企业上市并购重组概况、文化企业改制上市资产评估以及文化企业并购重组中的资产评估等内容。

为了确保研究内容的丰富性和多样性，作者在写作本书过程中参考了大量的理论与研究文献，在此向涉及的专家学者表示衷心的感谢。

由于作者水平有限，加之时间仓促，本书难免存在疏漏和不足之处，在此恳请同行专家和读者朋友批评指正。

目　录

第一章 绪 论

在研究之初，我们要针对几个基本概念与范畴进行界定，如何谓文化企业及其界定与特征、文化企业资金如何筹集及筹集的特点、文化企业管理等都是本章的重点研究内容。

第一节 文化企业的定义与特征

给文化企业下一个定义，可以说文化企业是以利润最大化为目标，以文化、创意和人力资本等无形资源为投入要素，提供文化产品和服务（准精神产品），以及运用这些精神内容获取商业利益的组织。

与其他企业相比，文化企业在生产投入、组织和运行机制、产品输出等方面有其独特性。

在生产投入方面，文化企业的投入主要包括人力资本、专利技术、著作权等在内的无形资源，个人、某个团体和组织一般拥有这些资源的特点，企业并不一定对其拥有完全的控制权，企业也很难获取关于这些资源的相关信息。例如，在电影的摄制中，导演、演员、编剧都不是一个企业的长期雇用人员，通常都是根据电影项目由制片人进行选聘的，这些创意人员贡献的是他们的智慧，为他们个人所有，并不为企业所控制。再如，文化品牌形象的许可——迪士尼玩具产品生产商并不拥有迪士尼的品牌，要支付品牌许可费，才能进行产品的生产销售。

在组织和运行机制上，文化企业需要建立现代企业制度，设立股东会、董事会。这不仅是一个摆设，还是为了能够明确企业要素投入者的利益，并通过风险的承担、控制权和经营权的分离，确保企业各项决策的正常实施。文化企业的特殊之处在于其要素投入的不只是金融资本，还有品牌、人力资本、技术、知识产权等无形的资本，而知识产权往往是文化企业的核心资源，是形成核心竞争力的基础，文化企业的生产体系实际上是由无形资源以及控制这些资源的人或组织形成的协作系统。这就对企业如何进行控制权的分配，即企业董事会和经营层之间的权力分配提出了挑战。

在产品输出上，精神内容作为文化企业的产出产品，不仅具有一定的经济效益，还拥有一定的社会效益。企业追求利润的本质使得它必须通过规模化经营来实现规模经济。如电视台要追求收视率、电影院要追求上座率和院线规模。由于精神内容的复制成本低，因此，成本因素很少能够影响精神内容产品的复制，而市场需求、产业竞争等因素会在很大程度上影响精神内容产品的复制。特别是当精神内容产品与社会问题相联系时，政府意识形态管理和产业政策更容易对精神内容产品的复制造成影响。

第二节　文化企业的筹资与投资

一、文化企业的筹资

企业筹资是企业根据自身生产经营需要和资本结构需要，进行资金筹措，文化企业也是如此。在筹资时，要注意筹资来源与筹资方式的配合，应根据需要选择恰当的筹资来源，并根据筹资来源选择恰当的筹资方式。不管筹资来源和筹资方式怎样，其取得途径主要有以下两种：一种是企业的资本金，即接受投资者投入的资金；另一种是企业的负债，即向债权人借入的资金。

由于这些资金的来源和方式不同，因此也有着不同的筹集条件、风险和成本。所以，在公司理财中，筹集管理资金筹集的目标在于寻找、比较和选择对公司资金筹集条件最有利、资金筹集风险最小以及资金筹集成本最低的资金来源。

结合文化企业和资金筹集的定义，可以将文化企业资金筹集概括为：企业为了发展从事文化产品生产和提供文化服务的营利性项目，为了获得创作或生产资金而采取的各种各样的筹集资金的行为。我们主要以文化产业与企业运行的密切关系来说明。

二、文化企业筹资的渠道与形式

资金的筹集是文化企业财务活动的起点，文化企业生存、发展的前提也是筹资活动，企业如果没有资金，那么将很难生存下去，更不用谈发展了。“巧妇难为无米之炊”便通俗而淋漓尽致地诠释了这一点。

文化企业根据创作需要或生产资金的需要，通过筹资渠道、资本市场和筹资方式，有效筹集企业所需资金的财务活动，是企业财务管理工作的起点，在很大程度上影响着企业生产经营活动能否正常开展，因此，企业应科学、合理地安排筹资活动。

（一）筹资动机

①扩张：扩大规模。

②偿债。

③调整资金结构：降低资金成本和风险。

④混合动机：不仅要扩大规模，而且要偿债。

（二）筹资原则

①规模适当原则：合理地确定资金的需求量，尽可能地促进筹资效率的提高。

②方式经济原则：研究投资方向以提高投资的效果。

③筹措及时原则：适时取得资金来源，确保资金投放的需要。

④资金结构合理原则：对资本结构进行合理安排，保持适当的偿债能力，从而实现风险小、成本低的目标。

⑤来源合理原则：认真遵守国家的相关法律法规，并维护各方的合法权益。

（三）筹资渠道

①银行信贷资金：银行对企业的各种贷款。

②非银行金融资金：保险公司、证券公司等提供的各种金融服务。

③居民个人资金：形成民间资金来源渠道。

④企业自留资金：企业内部形成的资金。

⑤外商资金：国外商人投资国内企业所引进的国外货币。

（四）筹资方式

①吸收直接投资。

②发行股票。

③利用留存收益。

④向银行借款。

⑤利用商业信用。

⑥发行公司债券。

⑦融资租赁。

其中，前三种方式会形成权益资金，后四种方式会形成负债资金。

（五）文化企业筹资的主要形式

1. 按筹资主体分类

（1）公有资本投融资

在文化企业的起步阶段，国家和政府扮演着投资主体的角色。通常来讲，文化企业不仅规模较小，而且风险较高，在筹集资金或拓展业务方面很容易出现困难。所以，为了协助文化企业获取资金，需要设立多项资助计划以获取相应的资金。从国内外实践来看，政府发挥了积极的作用。在文化企业的投资中，公有资本仍占有很大比重，我国文化投资仍对政府有着过多的依赖。国有资本在教育、文化艺术和广播电影等领域的比重超过 50%，明显高于电力、煤气，科学研究和综合技术服务业，更高于一般商品批发和零售业。

（2）民间资本投融资

民间融资是指出资人与受资人之间，在国家法定金融机构之外，以取得高额利息与取得资金使用权并支付约定利息为目的而采用民间借贷、民间票据融资、民间有价证券融资和社会集资等形式，暂时改变资金所有权的金融行为。

民间资本的优点有快速、灵活，但其缺点在于趋利性和盲目性。

随着文化产业的日益发展，在文化企业中已经融入了一些民营资本。一些省市为了拓宽文化企业的融资渠道，适当对市场准入的政策进行放宽，鼓励民营资本通过独资、合作、参股等方式进入文化产业领域，并积极参与文化设施的建设、改造和经营。

2. 按投融资模式分类

（1）BOT 模式（Build-Operate-Transfer，建设—经营—转让）

一般而言，BOT 投资方式的运作过程要经过确定项目、准备、招标合同谈判、建设、经营、产权转让等几个阶段。最典型的方式是，私人投资者组成的项目公司从项目所在国政府获取“特许权协议”负责设计、筹资和承建某项基础设施项目公司在协议期内拥有、运营和维护这项设施，并通过收取一定的使用费或服务费，回收投资并获得合理的利润。协议期满后，这项设施的所有权将无偿移交给所在国政府。由此可见，BOT 实质上是一种债务与股权相混合的产权，有时 BOT 也被人们称为暂时私有化过程。

（2）TOT 模式（Transfer-Operate-Transfer，移交—经营—移交）

即投资者投资购买国家拥有的基础设施所有权，由该国政府授予特许经营权，在约定时间内，投资者具备该基础设施的所有权和经营权。通过经营活动获得的收入，收回全部投资并获得一定的利润，约定期届满，投资者将该基础设施的所有权及经营权无偿移交给该国政府。TOT 融资模式不涉及所有权的转让，而只是在一定期限内经营权的有偿转让，保证了政府对被转让的公共基础设施的拥有和控制权。

TOT 可以被看作 BOT（建设—经营—转让）的改进。虽然 TOT 和 BOT 的目的都是引入资金，但由于 TOT 越过了建设阶段，因此对于投资人的风险较小，投资收益也自然较 BOT 低。相比于 BOT 融资方式，这种融资方式的最大区别是避开了“B”（建设）中存在的较高风险，政府和投资双方通常容易达成一致。

TOT 融资方式的运作过程省略了建设环节。政府已经完成了项目的建设，仅通过项目经营权移交来实现一次融通。相比于 BOT，TOT 方式的优点一般有结构简化、时间缩短、费用节省等。

（3）ABS 模式（Asset-Backed-Securitization，资产抵押证券化）

基于目标项目所拥有的资产，保证该项目资产的未来预期收益，在资本市场上通过发行高级债券来筹集资金的一种融资方式。基础资产的收益和风险得到分离和重组以及有可预期的稳定现金流作为发行债券的基石，是发行的资产抵押债券不同于一般固定收益债券的两大特征。

通过组建信用等级较高的 SPC 信托投资、担保公司等，使国际高档证券市场流入了一些原本信用等级较低的项目，利用市场的高信用等级、债券安全和流动性高、债券利率低的特点，使筹集资金的成本大幅降低。同 BOT 等融资方式相比 ABS 方式涉及的环节少，减少了酬金、手续费等中间费用，也不影响原先项目的资产负债，而项目资产的未来现金流量又可作为高质量的证券投资对象，分散了投资风险。

（4）PPP 模式（Public-Private-Partnership，公共部门与私人企业合作模式）

它是一种优化的项目融资与实施模式，其合作理念为各参与方的双赢或多赢，通常由政府和私营商签订长期协议，授权私营商代替政府建设、运营或管理公共基础设施，并提供相应的公共服务给公众。

2008 年北京奥运场馆的建设参考和借鉴了 PPP 模式，著名的鸟巢体育馆就是 PPP 融资模式的产物。北京市政府和外部的投标联合体等联合出资修建体育馆，而投标联合体则获得建设完成后的 30 年特许经营权。这样通过 PPP 模式的运用，不仅减少了政府的投入，而且还使政府承担的运营风险大大降低，促使合作企业市场化运作，大大提高了项目的盈利预期。

综上所述，从国际上来讲，这四种模式都是通用的投融资模式，它们都对项目实施的可行性予以充分注重。不同之处在于每一种模式都具有不同的操作阶段和方式，同时也会给投资者带来不同的风险和收益。总而言之，不管采取何种融资模式，只要取得投资项目的成功，它带来的不仅是直接的经济效益，而且还能带来巨大的社会效益。

三、文化企业的投资特性

（一）高风险性

对于实体企业，相对于人的生存需求而言，文化需求是第二位的，并不是生存的必需品，同时文化产品也具有一定的体验性，只有在消费后，才能判断产品的好坏，而且消费者满意度这一问题也存在一定的主观性。而实体产业的新产品都是通过改善旧产品的某些方面之后才投入市场的，通常来讲，从一开始就能判断新产品的好坏，不需消费之后再进行判断。除此之外，文化需求这一产品并不是必需的，相对于实体产业而言，从很大程度上来讲，它具有一定的可供选择性。所以，从文化产业的需求来看，它具有一定的随机性和选择性，很难确定消费者是怎样评价新推出的文化产品的，其不确定性因素很大。

根据过去的经济发展形势，很难判断文化产品的成功与否，这使文化生产的供给和需求之间存在着普遍的信息不对称现象。例如，即使某个制片公司花大价钱做市场调查，然后投入巨资进行拍摄、宣传，但仍有可能最终出品了一部不受市场欢迎的烂片。这便是专家称为“不可预知”的特性。正是由于文化生产需求的不确定性，所以文化生产企业这一行业的风险较高，相对而言，实体行业如果作为一项必需品，其风险则低得多。

（二）高收入弹性

在工业化革命之后，文化产业才逐渐兴起，随着人们收入的日益增长，它能够不断满足人们的精神需求。文化需求是一个更高层次的需要，只有当人们的物质生活达到一定高度，精神需求足够大，并能支撑一个产业的发展时，才能使文化产业作为一个独立的产业逐渐兴起和发展。这就决定了文化产业这一产业具有较高的收入弹性。

（三）投资的公益性

公益性是文化产业投资的一个显著特点。随着人们对物质生活和精神文明的要求日益提高，文化产业正好满足了人们对精神文明的需求。从本质上来讲，文化产业中的基础项目投资是一种政府行为，弥补了市场在公共产品领域的失效性，由于在该领域投资中其具有较强的外部经济性，私人投资不愿或难以进入，理应由政府投资替代。

（四）投资成本的递减性

高固定成本、低边际成本甚至零边际成本是文化产业的特点所在。在文化产品生产的初级阶段，需要投入大量的固定成本，但固定成本投资一旦形成，在追加产品生产时，边际成本迅速下降，甚至为零。例如，在制作激光唱盘时，第一张光盘需要付出极高的成本，但在大量复制之后，边际成本就趋向于零。由此可见，文化企业对规模经济有着很大的需求，倘若规模经济不够强大，那么市场化是很难形成的。但当对实体产业进行投资时，规模经济就不需要如此庞大，如中小企业甚至小作坊，都能利用小成本进行投资生产，之后再追加相应的投资，并使生产规模逐渐扩大。

（五）投资的集中性和集聚性

相对而言，文化产业的项目投资比较集中，基础设施建设项目投资或初始投资占有很大的比重。这种一次性大规模初始投资，不仅具有宏大的规模，还具有较强的配套性，只有同时建成才能发挥其应有的作用，所以有必要在一开始就有大规模的投资作为创始资本，而实体产业的投资均匀地融合于产品的生产过程中。所以，文化企业投资必须进行投资预算，并且要有足够的资金来支持较大规模的初始投资。

第三节　文化企业管理的基本内容

20 世纪初，法国工业家亨利·法约尔（Henry Fayol）提出，所有的管理者都应履行计划、组织、指挥、协调和控制这五种管理职能。20 世纪 50 年代中期，美国学者哈罗德·孔茨（Harold Koontz）和西里尔·O. 唐纳（Cyril O. Donnell）以计划、组织、人事领导和控制五种职能作为管理学教材的框架。如今，大多数管理学教材仍沿袭了这一模式，即以管理职能来组织教材内容。斯蒂芬·P. 罗宾斯（Stephen P. Robbins）在其《管理学》教材中将管理职能精简为如下四项。

①计划职能。必须规定组织的目标以及如何实现目标。

②组织职能。管理者的职责包括设计组织结构，即决定组织要完成的任务，谁去完成这些任务，这些任务怎样分类组合，谁向谁报告等。

③领导职能。任何组织都是由人组成的，管理的任务在于指导和协调组织中的人。

④控制职能。当设定了目标之后，便要着手制定计划，向各部门分派任务，雇用人员，并培训和激励人员。即便这样，在执行计划的过程中仍会有一些事情出现偏差。为了能够使事情按原本计划进行，必须监控组织的绩效，必须比较实际的表现和预定的目标。如果出现任何明显的偏差，管理的任务就是要使组织回归正确的轨道。这种监控、比较和纠正就是控制职能的含义。

按照文化企业的特殊性，本书还就文化企业的人力资源管理、财务管理等经营管理活动做了专题的研究。所以文化企业管理的研究内容涉及两个方面：一是对文化企业管理一般规律的研究，这包括了文化企业管理在计划、组织、领导和控制等管理职能方面的特征；二是文化企业在具体的人力资源管理、战略管理、投资管理等经营活动的运作及其特殊性。

事实上，这两个方面构成了文化企业管理的纵横两个方面。在文化企业的所有经营活动中贯穿着纵向的计划、组织、领导和控制等管理过程。而人力资源管理、项目管理、投资管理等形成了横向的管理活动。阐述纵向的管理过程，能够对文化企业管理有个全面的认识，了解文化企业管理的一般规律，但是不能够对具体的操作和职能有深入的把握。横向的具体的经营管理活动涉及文化企业的具体运作技巧、经验和经营模式，虽然这些活动各自深入展开，都可以独立成为一门课程，但是在本书中做一个总体概要的总结分析，能够进一步阐明文化企业管理的特殊性。

第二章　国内外文化产业的发展与融资模式

近年来，文化产业成为现代经济中最活跃、发展最快的产业。从全球范围内来看，文化产业在经济领域的所占份额正以每年 10% 以上的速度增长，已成为经济发展的一个支柱产业。科技、文化和创意相结合所带来的财富，远远超过了传统产业。文化产业的发展水平已成为衡量一个国家或地区综合竞争力的重要标志。本章主要从国内外文化产业的发展与融资模式等方面展开讨论。

第一节　我国文化产业的发展

一、我国文化产业发展的特点

（一）文化体制改革全面提速

2011 年各项改革事业均加速前进。演艺院团和报刊出版领域，于 2012 年实现了全面完成文艺院团体制改革和非时政报刊出版单位转企改制。截至 2011 年末，581 家图书出版单位中，除少数拟保留公益性和军队系统的出版单位外，中央各部门各单位、地方、高校出版社都已转企改制；全国 10 多万家国有印刷复制单位、3000 多家国有新华书店全部转企改制；组建了 100 多家报刊集团和出版传媒集团。

（二）主要门类增长迅速，规模扩大

2016 年，我国主要文化产业门类除电子出版物外，都实现了增长。增长速度除了期刊为 8% 以外，其他全部以两位数的速度高速增长；从市场规模来看，图书营收 832.31 亿元，报纸营收 578.50 亿元，期刊营收 193.70 亿元，电影票房营收 455 亿元。

二、我国文化产业发展的主要问题

（一）创意产业人才匮乏

21 世纪以来，创意产业（Creative Industries）一词逐渐凸现于文化产业理论探讨中。文化产业和创意产业既有相似之处，又有区别。1998 年，英国创意产业特别工作组首次对创意产业进行了定义，即创意产业主要是源自个人创意、技巧及才华，通过对知识产权的开发和利用，具有创造财富和就业潜力的行业。按照这个定义，可以认为广告、建筑、艺术、电影、表演艺术、出版、电视广播等为创意产业。虽然文化产业和创意产业基本具有一致的涉猎范围，但我国所强调发展的文化产业却不同于英国等国家所倡导的创意产业。二者的区别表现在以下几个方面。一是在于创意产业与文化产业主体不同。文化产业的市场主体是文化企业，而创意产业主要依靠个人的创造性、技能和智慧，注重保护和开发知识产权。二是性质的不同。文化产业的属性是双重的，既有经济属性和商品属性，又有意识形态属性，而创意产业中属于工业设计的部分，不具有意识形态属性。三是管理部门的不同，如果将创意产业纳入政府文化部门管理，那么文化部门将不能介入与工业设计相关的部分；反过来讲，如果把创意产业纳入政府经济部门管理，那么涉及文化领域的部分就有可能脱离意识形态部门的管理。创意产业的生命力在于不断创新，对创意产业的开发其实是对人力资源的开发。创意产业人才匮乏，尤其是缺少一批顶尖的领军人物式的创意人才是制约产业发展的瓶颈。文化产业的发展必然要与国际上新兴的创意产业相遇，但我国的创意产业目前大多尚处于起步阶段，人才问题一直是发展的瓶颈。

1. 人才培养体系尚未建立健全

人才问题不是在短时间内能够得到彻底解决的，更不是一两所学校，一两家企业可以解决的。人才培养是一个系统的、长时间的过程，更需要全社会的关注与支持。一个成功的创意，是综合运用感性思维和理性分析的结果。感性思维，抽象来说即灵感，通常具有先天性，反映了人类的智慧；理性分析则是后天培养的观察能力，表现了知识的效能。

所以，一个合格的创意人才必须德才兼备。人生来就具备一定的智慧，通常来讲，正常人都有潜在的生成创意的能力，而知识则要不断学习和积累。智慧的先天性使所有人都有可能成为创意的主体，而知识的掌握程度只能使其中的一小部分人成为创意主体。毋庸置疑的是，在当前的背景下，学校教育是普及知识的最好途径。

我国创意人才培养的模式有三种：一是企业自主培养；二是职业培训机构培养；三是大学学历教育培养。在创意人才教育体系尚未完善、人才极度匮乏的情况下，企业自主培养成为近两年普遍采用的方式，这种临阵磨枪式的培训虽然在短时间内满足了企业自身的需求，且培训的内容也具有针对性，但与正规的高等教育相比，其全面性、系统性和专业性还是差了一大截，从长远来看，并不能满足整个创意产业的人才需求。于是，短期的职业教育便成为暂时缓解创意人才短缺的手段。其优点在于能够紧跟市场发展的步伐，采用短、平、快的方式对学员进行专门培训和专业训练，但这类教育机构鱼龙混杂，许多规模较小的职业培训机构缺少产业发展的战略眼光，仅侧重技术层面的快速训练，现学现用，不大可能对创意人才进行有目的、有计划、有针对性的批量生产，因此，对整个产业发展的影响非常小。相比之下，高等教育对创意人才的培养有其特殊的优势。

在创意产业的发展方面，高校具有得天独厚的优势和条件。首先，高校不仅文化底蕴深厚，而且其文化资源也非常丰富，能够源源不断地为创意产业的发展提供创新源。文化正是创意产业发展的灵魂所在。文化创意不仅创造性地开发和利用了文化资源，还挖掘和拓展了文化对经济社会发展的渗透力、影响力。高校不仅能够培养高素质的人才，而且能创新先进文化。作为社会文化、科学中心的高校，不仅是集中传播人类文化的地方，而且是诞生新文化的场所。除此之外，高校普遍具有相对完善的文化设施，如体育馆、图书馆等。与此同时，高校也是传播新的文化消费和时尚理念的中心。高校所在区域人口素质普遍较高，尤其是拥有数量庞大的高校学生，他们很容易接受新的创意理念，并向周边辐射新的创意理念和消费方式，从而起到积极的示范和引导作用。

其次，高校汇聚了大量的创意人才，为创意产业的发展提供了智力源。文化创意和文化营销是创意产业发展的关键所在，创新型人才的培养是发展的核心。纵观各国创意产业近十年的发展，一条重要的成功经验即注重教育和培养创意人才。高校肩负着提高人们个人素质和工作技能的重任。经济发展不仅需要高科技人才的扶持，而且需要提高管理人员和基层人员的科学文化素质，以及更新他们的观念。高校在这一方面可以提供最强大的智力支持以更好地促进经济建设。从世界创意产业发达地区的经验可以看出，在人才集中的地区，尤其是大学周围，很容易形成各种创意工作室和创意群落，政府可以顺势推动，促成产业集群的形成和发展。

最后，高校具有学科、品牌和产业优势，给创意产业提供了一个良好的创新平台。创意产业是科技与文化相结合的新兴产业，它迎合了一个重要的全球趋势，即经济与科技、文化的一体化。但是，创意专业的高等教育也有其短板。由于一些创意专业是近几年发展起来的学科，缺少配套的师资和教材，因此，专业课程设置有一定的困难，并且普通高校体制难以敏锐地针对市场变化而快速进行教育学科和教学的调整，教材的更新速度较慢，同时，高校也无法给学生提供大量动手实践的机会。

创意企业对人才有着多方面的需求，其中必不可少的就是专业内容的创意设计类人才、文化管理营销类人才和复合经营人才。创意设计类人才，包括平面设计师、动画设计师、各类研发员、文学艺术创作人员；文化管理营销类人才，包括产业研究员、经营管理者、金融人才；复合经营人才包括产业研究人、文化经纪人、高级经理人及企业家等。这些创意人才不仅要掌握专业技能，还要有市场开拓意识，才能创造出增值的产品。由于创意产业本身具有的特殊性，所以，在培养创意产业人才的时候，要根据创意产业本身的特点进行再创造或者进行创新，也就是说一定要以理论和实践相结合，既有社会层面，又有高校层面互动的方式。

目前，很多高校开始与运作成熟的社会职业培训机构合作，共同推出创意专业。借职业培训机构成熟的教学体系来弥补高校课程体系的不足，紧扣就业市场，培养学历＋职业技能证书的创意学历型人才。这种高等教育与民办教育相结合的方式，很有可能成为将来中国创意人才培养的新模式。

人才的培养是一项系统工程，它需要教育界、企业、政府等各方面力量的支持和协作，共同为创意人才的培养铺路、搭桥。培养创意人才既不能单靠普通高校，也不能只有职业教育，更不能等到就职后在岗时再培训，必须几个方面结合，形成系统工程。这样，才可能在数年后产生既有较为深厚的文化底蕴、理论素养，又熟悉生产流程、了解市场需求的复合型人才。

创意企业的成长和繁荣，需要政府在人才培养方面采取鼓励和扶持政策。政府应从多个渠道来培养创意人才。例如，将创意人才列入职业工种；成立创意设计培训机构；创建专业学院；整合高等艺术设计教育力量，成立服务机构，参与推进创意产业发展的机构建设；进行资格认定，为培养和引进创意人才、发展新一轮都市型创意产业起到推动作用。

教师良好的知识素质是实现创意产业复合型人才培养目标的前提。教师不仅要有广博坚实的创意产业知识基础，合理的知识结构和丰厚的知识内容作为创意产业教师形成其教育能力的基础，还要有吸取新知识新信息的能力。教师传道授业解惑的特殊角色决定了教师必须不断学习，吸取新知识，更新自己的知识内容，充实自己的知识结构，完善自己的知识体系，高新技术领域的发展特点也要求教师应该对不断更新的知识、信息保持最新的敏锐性，只有这样，才能根据文化市场的要求来对学生进行培养和教育，也只有这样，学生才能掌握反映创意产业领域最新发展趋势和动态的各种知识、技能，增强自己适应产业发展的能力。

教师良好的能力素质是实现创意产业复合型人才培养目标的关键。作为创意产业的教师，其能力素质主要指实践能力。该专业的培养目标，应是既懂各种文化、艺术相关理论又有信息化创作技能的人才，这种教育目标决定了其教育模式应该倾向于精英教育。广大教师更应该是集文化产业、艺术理论及信息化技能于一体的复合型人才，不仅要具有丰厚的理论知识，能用理论来指导实践，把理论用于实践中，而且能够指导实践教学，有较高的创意产业产品设计能力和营销技能。

创意产业学科建设要按教育规律办事，不要跟风。要研究市场，引领市场，但不能附庸市场。中国现行体制培养出的人才通病是创新性差，工具型多。所以，怎样突破传统观念的束缚和传统体制的壁垒，多学科、跨学科培养新型人才，应当引起更多关注。

目前，在创意产业复合型人才培养方面所做的努力、探索及其所取得的成效，多数是靠教师个人的因素以及个别单位和项目的支持，缺乏稳定的平台、长效的机制和相关政策的支持。若此问题长期得不到解决，会使上述努力与探索的成效大打折扣，使得本来就稀缺的创意产业人才培养的优秀资源因得不到正常发挥而造成浪费。更重要的是，会直接影响创意产业专业人才培养的数量与质量。

2. 新媒体艺术复合型创意人才短缺

新媒体艺术设计人才社会需求量高，但相关新媒体人才，尤其是新媒体艺术人才的需求却在培育交流上相对滞后。新媒体艺术属于艺术学科范畴，指的是新的艺术媒介，相对于新媒体概念而言，新媒体艺术的指向和界定比较确定，是指当下电脑、网络等先进科技成果混同与整合而发展起来的一种新型的艺术样式。新媒体艺术具有一般艺术作品的艺术性，还具备自己独特的参与性、娱乐性等。新媒体艺术的表现形式很多，但它们的共同点只有一个，那就是使用者和作品之间的直接互动、参与活动改变了作品的影像、造型、甚至意义。不管人与作品之间的接口为键盘、鼠标或声音感应器，还是其他看不见的精密机关，欣赏者与作品之间的关系主要还是互动。

新媒体艺术学科和创意产业的发展密切相关，它涉及行业、产业、企业、文化、教育、管理的方方面面。我国 CAD 国家级重点实验室早在 20 世纪 90 年代初就成立了，虽然在教学与科研领域都取得了一定的成绩，但人才培养和教育同经济发达国家相比却相对滞后。文化企业在新媒体艺术如电脑操作、技术处理等制作能力方面往往是强项，但艺术上的创意太弱，特别是复合型创意人才缺乏。在没有相对完整的学科体系和培育系统之下，符合新媒体行业要求的技术与艺术平行的复合型人才缺乏，使具有发展速度快特点的新媒体市场出现严重的失衡。新媒体领域走向综合的趋势是塑造、传播新型文化产品手段，这种新型文化产业是文化产品与人的全面发展的融合，并与数字化整合后出现的新型文化产业。目前，缺乏文化产品与技术结合的复合型人才已成为新媒体企业的最大不足。

新媒体人才培养存在的第一个问题就是人才培养专业分割导致的人才素质结构失衡。由于市场需求的牵引，2005 年后，各高校争相开设此类专业。动漫专业只是新媒体艺术学科的一个方向，仅仅在 6 年以前，中国还只有一所学校设有动漫专业，而截至 2018 年，中国已有 2742 所学校设置了动漫专业。然而，由于我国至今仍秉承传统分科方式，新媒体人才培育体系还没有建立，人才培养模式专业分割。不但文理分割，文理与艺术分割，有的学习方式甚至是师傅带徒弟的古老方式，而且同属文化艺术类的各门类也大都独立设院校，这样的培养模式，使得人才的培养常常是瘸腿的，没有无中生有的创意能力，没有技术和艺术上的引领能力，很多人才最后成为国外制作公司的廉价劳力，对发展我们自己的新媒体艺术和创意产业是很大的损失，非常不利于新媒体行业所需的复合型人才的培养，对具有技术和文化相结合以及发展迅速的新媒体特质来说很不适宜。

对新媒体来说，艺术与科学是硬币的两面，其中艺术起主导作用。在课程体系上，每一个边缘学科的诞生都要走过这样的历程。应以艺术为主导，以科学为附属，以造型能力、计算机应用能力作为基础课程，把动画原理、情感表达、艺术修养等课程作为拓展逐渐灌输，由此形成创造型人才培养模式。

第二个问题是新媒体理论研究的水平滞后。人才的培养离不开学科理论体系的科学性、规范性。要想创建新媒体艺术学科的理论体系，就要研究它的艺术基础理论、艺术理论史等。如今，国内新媒体艺术的学科理论建设和教学实践都很滞后。然而，实际上从设计、技术或艺术的角度来看，那些设置了艺术设计、数字艺术等专业的学校可能都会涉及新媒体艺术的相关课程，但在学科的整体认识、理论探讨等方面存在着以下误区。

一是主流学界的误解和漠视，一些学者仍在质疑新媒体艺术作品属不属于艺术，是不是理论研究的对象，至今还未将新媒体艺术现象纳入学科研究的主流视野。

二是艺术批评没有介入新媒体艺术理论研究。任何理论构建离开了批评都无法完成科学性的要求。

三是新媒体艺术研究学科师资的相对匮乏。一个学校的发展，不在于大楼，而在于教师，教师的质量决定了新媒体艺术人才培养的质量和该学科的发展方向。很多学校虽然有一定艺术学科的专业基础，但缺乏技术基础以及真正的新媒体艺术学科带头人，也没有合理的师资结构队伍。一些大学在盲目增设了新媒体专业后，计算机教师摇身一变，成为新媒体专业教师，课堂上，除了照本宣科和如法炮制外，没有成形的教学经验，更别说新媒体艺术实践经验了。新媒体艺术的软件是技术，但是新媒体的思维一定要有艺术的参与，作为交叉学科，要想发挥人才培养作用，教师一定要具备强大的艺术实践背景。相比于传统学科，新媒体艺术教师不仅应该具备强大的技术偏重，而且还应具备一定的艺术修养。事实上，很多教师是技术型的，没有太多艺术实践和艺术创作的经验。

国家已将新媒体人才的培养列入重点工程，并建立了动漫产业基地。在政策的支持下，这些动漫产业基地还将继续扩大，新媒体人才的培养体系将初见端倪，新媒体人才的培育也将进入高峰期，因此，我国文化产业除了完善新媒体复合型人才培育体系之外，还必须建立良性市场生态的考验，使市场供需合理。

3. 人力资源管理缺乏体系内造血功能

人力资源管理的水平是衡量和保障民营文化创意企业发展的动力之源。创意产业没有形成产业独立的人才自我培养机制和系统，需从传统的产业中转移人才来源，体系内的自我造血功能缺乏，不仅造成创意人才的缺乏，更缺乏优秀的创意运营管理人才，成为制约创意产业下一步发展的关键因素。民营创意企业既是创意人才的“享用者”，也是创意人才培养的“再造者”和“细化者”，非常有必要对民营创意产业的人力资源管理进行强化和提升。

文化创意产业缺少自我造血功能，具体表现在以下几点。

第一，企业创意人才结构性短缺，严重缺乏位于金字塔顶端的高端人才和拥有实战经验的成熟人才，人才供求不平衡。这一方面是产业的高速发展所致，另一方面是人才培养体系严重不健全的缘故。

第二，产业成熟度低，对人才的吸引力不足。创意产业的发展前景广阔，现状不理想，产业不成熟造成创意产业不能很好地吸引人才，一些人才在流动中产生顾虑之感。从目前创意人才的分布现状可以看出，大量创意人才并没有从事文化创意工作，他们中的许多人仍在传统产业担任创意岗位，宁愿选择兼职也不愿意选择跳槽。除操作层面的问题外，传统社会观念也有待改进。由于社会各界对文化创意产业有着不同的理解，一些人才也不了解文化创意产业，对文化创意产业存在认识上的偏差。社会各界仍然有部分人群对创意产业中的动漫、网络游戏等持有偏见，认为游戏会令人玩物丧志。

第三，人才流动相对盲目、无序现象突出。文化创意产业内的人才流动市场化程度普遍较低，主要有低效的口碑相传和熟人介绍两种方式，这使许多优秀的人才不能充分利用他们的才能，这在很大程度上制约了产业的发展。

第四，人才的开发缺乏潜力，普遍综合素质较低，人才素质和市场需求之间的差异较大。创意企业最缺两类人才：一是内容创意人才。内容创意包括原创和创新。没有内容，不可能有产品；没有人才，不可能产生创意。将创意与科技有机结合，创造出与市场需求相符合的产品内容，这才是创意产业发展的根本所在。二是将内容产业化和市场化的人才。在人才市场中，拥有创意的人才不少，可这些人才的创意大多都没落到实处，更没有形成市场化、产业化。原因在于那些创意与实际大不相符。当前，在整个社会都在关注文化产业和文化创意产业的概念和形式时，文化企业更应该关心的是怎样培养文化企业的经理人。没有职业经理人，一切创意都无从谈起。

第五，企业的人力资源管理水平相对较低，不仅管理重心集中于传统的低层次人力资源事务工作，而且人力资源的管理和开发手段比较单一，专业方面的交流与研究十分缺乏。目前，创意企业最重视以下五个方面的绩效管理，即人才招聘、人才培训、薪酬福利、人事档案与社会保险。政府只能做宏观、配套、人才方面的政策配合，真正的推动力量在企业和创意行业当中。内陆企业的创意人才教育，不能等政府、高校支持，目前成功的几个创意企业中的创意人才，无一不是靠企业自身培养出来的。

（二）文化产品管理和营销体系不健全

任何企业一步也离不开管理，离开管理，就无企业可谈。在学习和模仿先进商业模式时，有的企业往往只学到了架构、组织等外在表现，形似神非。有的文化企业认为，自己由于市场的因素只能做庸俗文化产品，但是有没有反过来想，造成这种状况究竟是市场的因素多，还是企业自身管理和营销体系不过关。

1. 文化产品缺乏创新

文化产业有一个很重要的内容是它的产品，文化产品与一般的物质产品不同，它有其自身的属性，这些属性赋予了文化产品不同的创新原则和赢利模式。文化产业的产品应该是丰富多彩的，既要品种多样，又要结构齐全。

毋庸置疑的是，近年来不管是在文化市场还是在文化生活中，都极大地丰富了文化产品和文化服务，问题在于精品太少，数量过多，质量提高速度慢，甚至质量下降。目前，文化产品和服务的质量问题是人们对文化生活最不满意的地方。无论是动漫还是影视剧，但凡出现古代场景时，都走入了一个公式化的套路。比如，只要是皇帝，一定是戴着冠冕，或者穿着龙袍；只要是大家闺秀的闺房，一定会出现镂空的架子床、宫灯和梳妆台；只要是县官衙门，后面一定是江水海崖旭日东升图，还有七品芝麻官的乌纱帽……

创新是文化产品的灵魂，没有创新就没有文化产品的生命。在文化产品的艺术、创意、个性化以及执行力等属性中，必须充分追求艺术性，文化产品越是成功，那么它的艺术价值也就越高，从而在很大程度上满足了人们的审美心理需求。而文化产品的灵魂便是创意，文化产品如果没有创意，那么也就毫无生命可言。

如今，我国有数十家卫星电视台，各地的城市电视台更是数以百计，城市居民家的电视能收看到几十个频道。可是荧屏上积极健康又有创意的节目从内容到形式都很容易出现雷同现象。

文化企业尽管具备产品的创新意识，但仍处于自发型创新阶段，其创新的动力，是基于对竞争环境的激烈性意识，期望利用产品创新举措来更好地适应生存。自发型创新是被动的、战术性的创新状态，是从竞争角度考虑的学习模仿或创新改善，由于没有把创新上升到企业战略的层面，也没有通过制定创新机制，鼓励企业创新思想的萌芽和成长，因此，也无法形成全员的创新意识和行动。

文化的挑战只有用文化去应战，文化的竞争只能用更优秀的文化去较量。文化企业创作中存在种种偏颇的现象：一强调弘扬主旋律，就忽视了艺术规律和市场规律；一讲市场效益和经济效益，就任由不良产品泛滥；一谈文化产品的双重功能，就偏重强调教育宣传功能，而不谈艺术审美消费功能。例如，演出市场，常有获过全国大奖的作品，在文化界也引起过很大反响，可在国内有的地方演出时，却没有多少观众，剧目“卖难”现象大量存在，各院团不敢演，不演不赔，少演少赔，走得越远，赔得越惨，被文艺界称作“台上光荣三分钟，台下难受一整年”。文化创作受评奖导向影响，创而不新。“排戏不拿奖，白忙活一场”，文化企业甚至把评奖当作一种“文化政绩”。

在影视和舞台作品中，用大题材引起受众注意，其实恰恰就是没有创新的表现。要创新就得学会宽泛理解主旋律概念，主旋律不一定是重大事件或重要人物，凡是充满人性和真善美的东西都属于这一范畴。事实证明，特别受观众欢迎的作品中多数是用创新手法表现当代小人物的题材，讲述百姓喜怒哀乐的琐事，可见，总体上文化市场并非供大于求，而是出现了严重的产销脱节。“卖难”，并不是说明文化产品多了，相反文化产品从总量到结构上都不能满足市场需求，文化生产与现实需求正在拉开距离。

2. 文化企业管理效率创新不佳

管理在很大程度上对企业的效益起着制约和决定作用，管理效率在很大程度上决定着管理水平的高低，低管理效率很难使企业获得较高的收益回报，而高管理效率通常与较好的企业效益相一致。管理效率与企业效益存在着大体一致性的正相关关系。对文化企业来说，其最为欠缺的就是处于主导地位的核心资源——管理，而缺乏管理能力，特别是缺乏品牌管理经验和理论所造成的能力低下，更在很大程度上阻碍了中国文化企业品牌竞争力的形成。文化企业与其他企业相比最大的差距在于软实力。

首先是人才缺乏，领军人物稀缺。优秀企业无一不是有一个非常优秀的领军人物，一个非常卓越的领导团队，一支经过精心培育和打造的经营队伍。文化企业在经营管理中往往遇到这样的问题：企业要上项目，寻找一个内部产生的领军人物和寻找项目资金一样困难甚至更为困难；有些明明是很好的项目，结果搞砸了，因为做项目的不是优秀的文化企业家。高级人才，包括文化企业经营者与产品开发人员，一向是文化企业人才争夺的重点。

文化企业经营管理人才是以产品的销售为主，产品开发人才则是以产品的研发为主，分别具有不同的职业素养要求，但现实中，文化企业内部各类人才队伍的专业化程度不高，这种人才结构正成为文化企业发展的瓶颈，成为文化企业未来发展的潜在危机。突破这一瓶颈，化解这个危机，就要打破区域界限和行业界限，以多种形式培养人才，多种方式吸引人才，下大力气经营人才。文化企业不仅要经营产品开发人员，还要经营管理和营销人才，更多地推出名策划、名制作、名管理，只有“不拘一格降人才”，文化企业才会焕发出勃勃生机，不断发展壮大自己。

一些文化企业善于从市场中筛选好的项目，没有好的项目不做；但有了好的项目，还要选出优秀的领军人才。文化企业至今没有形成多层次的人才选拔和激励机制，而在国外，选用人才可以从现有团队中培养选拔，也可以从外面引进职业经理人，甚至引进中介猎头公司；业绩与年薪挂钩，在股份制企业中经常使用股权激励机制。花巨资聘请国外顶级科学家领导企业研发团队，在世界范围内广招优秀人才，以股份、期权等多种激励方式留住人才，用足人才，经营人才，是所有成功文化企业的成功做法。要建设一支高素质的文化产业人才队伍必须要有职业经理人队伍，把经营管理尤其是高级经营管理人才置于整个企业的核心和决定地位，并注入现代经营理念，全方位加强品牌、融资、营销这“三驾马车”。也有一些国有企业和中小型创新企业并不像想象中那样缺乏人才。在北京中关村一带，据说就有50多万受过高等教育的大军。在北京、上海等主要城市，流动着大批在海外接受过教育的海归或海待人员。到许多有名气的国有或民营企业里走一圈，经常可以看到有着硕士甚至博士头衔的经理人员。与发达国家文化企业的成功经验相比，我国文化企业的问题是没能恰当地应用人才，没能最大限度地发挥人才的价值。

其次是培育企业文化、树立企业精神亟待加强。中国文化企业目前的管理现状依然停留在经验管理向科学管理的过渡阶段，企业文化运作停留在探索阶段，并没有非常成熟的运作思路或者体系；许多企业对于科学管理的认知比较粗浅。尽管企业文化不能产生直接的经济效益，却是能否实现企业健康发展的关键因素。企业精神是企业文化建设的核心，是员工对企业的传统意志和目标追求感到认同与满意、愿意为实现企业的目标而奋斗的精神状态，它是一种潜在的生产力，是企业兴衰的关键。文化企业的运转体制与其他企业不同，这是事实，但不能因此一味埋怨体制，并以此作为借口。在同一体制下，也有一些文化企业能做到社会效益与经济效益双丰收。体制可以不同，但培育企业文化、树立企业精神，任何企业都是相通的。诚信、协同的价值观是企业精神的核心，而一些文化企业在这方面缺乏职业操守，甚至有的媒体下属的广告公司，如果客户不投广告给它，它就利用挂靠的媒体对客户实行所谓的舆论监督，如此，文化企业如何在文化市场中树立良好形象？任何企业中都存在企业文化，无论这个企业是小企业、中型企业还是大型企业。在发展的过程中，每一个企业都具备自己独特的文化雏形，这种雏形可能是企业家的直觉，用来指导和约束员工的成文或不成文的条例和规范，要有意识或无意识地灌输这些文化给员工，使之融入企业管理，使员工自觉遵守企业的激励约束机制。长此以往，企业便形成自己独特的价值观和道德观，最终形成一种凝聚力。因此，企业员工共同的价值观和做事方式就是所谓的企业文化，文化企业的企业文化中，培育正确的价值观尤为重要。

3. 文化产品的市场营销体系不健全

市场营销整体策划是对企业在一定的计划期内的营销情况做出全面的安排与谋划，属于中长期的、全局性的策划。我国文化企业虽然已有意无意地运用了一些营销学原理指导实践，但是还不够深入和系统。每一个新产品的上市，都面临着激烈的市场竞争，都意味着要创新营销渠道。

市场营销体系包括：市场的宏观研究、方案策划、微观研究、辅助实施等四大类。

宏观研究：相关政策法规研究、行业研究、行业结构研究、行业竞争研究、行业宏观发展趋势分析、短期长期预测。

方案策划：消费群体（客户）研究、目标市场的确认、目标市场的细分、消费者购买行为研究、消费者使用习惯研究、价格研究及规划、渠道研究及规划、分销渠道研究、销售渠道规划。

微观研究：企业研究、企业文化解析、企业总体战略分析、市场营销总体战略分析、产品研究及规划、新产品的需求潜量研究、竞争产品研究、现行产品测试。

辅助实施：媒体研究及规划、媒体性质研究、竞争者媒体策略研究、促销活动研究、产品品牌市场概念的研究及规划、产品品牌概念研究、产品品牌形象系统规划、产品品牌管理、年度市场推广规划、销售队伍建设与管理。

对大部分文化单位来说，文化市场营销这一环节仍很薄弱，文化企业不懂或不重视市场调查，缺乏市场开拓能力、竞争能力、渗透能力、市场控制能力，与发达国家文化企业相比差距很大。其他行业已经解决的问题，却以新形式出现在文化产业中。

我们来看一个发达国家文化企业市场营销的成功案例。2003 年，百老汇歌剧《猫》在北京演出，营销体系涵盖从演出城市的收入水平、消费能力、消费习惯到演出场所的选择、广告投放的方案到图书、CD、VCD 和 DVD 出版，整体是成系列的营销行动；并且针对每一个环节都会有相应的考核指标，不放过任何细节。

毋庸置疑的是，文化产品的确具备作品的特点，然而如果要进入市场，希望获得市场的认可，那么就不能孤芳自赏，而应该根据产品的一般规律来进行运作，基于此，才能占领相应的市场份额，从而获得一定的经济效益。如今，文化产品营销仍处于起始阶段，这与计划经济条件下形成的文化是公益型、福利型、事业型的影响不无关系。在文化事业向产业方向发展的转型期，使用先

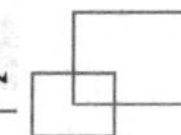

进的市场营销理念和手段，显得尤为重要。文化消费需求的最终实现，必须依赖于消费环境，而消费环境除基础设施和配套设施等硬件环境外，还包括服务质量和营销手段等软件环境。文化企业不管是体制内还是体制外，其出发点和落脚点都应该是市场需求，创作、生产出与市场需求相适合，并可以流通且长期流传的文化产品。

第二节　国际文化产业的发展

一、国际文化产业的概念和范围

（一）国际文化产业的多维定义历程

1. 在《启蒙辩证》一书中的定义

“文化产业”一词最早出现于《启蒙辩证》一书，该书是由阿多诺（Adorno）和霍克海默（Horkheimer）合著并发行于20世纪中叶的一本书。在该书中，它被称为“Culture Industry”。

2. 在《经济与文化》一书中的定义

各国学者都分别从不同的角度对文化产业的概念进行了界定，并简要表达了文化产业的一些核心内涵。国际上对文化产业的定义是这样的：为社会提供一系列文化产品和服务，强调创意、知识产权等因素的作用的产业。该定义主要以《经济与文化》一书中的定义为代表，该书由澳大利亚经济学家、文化研究学家大卫·索斯比（David Sotheby）所著。

该书先是对文化产品以及文化产品的服务下了定义，然后又将其核心界定为多层次文化产业。基于《经济与文化》一书，文化产业被视为一种基于创造性内容的同心圆产业体系，其主要层次分布如下。

（1）外围层

该层主要指文化的制作与传播业。外围层所包含的内容比较广泛，但大方向有两条主干线：一是文化产品，二是非文化产品。这里所说的非文化产品特别指代那些借助于现代媒介进行复制和传播的产品，如电视、书刊、电影、广播等。

（2）核心层

该层主要指原创艺术与创作业。如舞蹈、戏剧、音乐、视觉艺术、文学、工艺等，这种由传统艺术概念所覆盖的独有艺术创造或是与之相关的行为等。除此之外，还有与其直接相关的，如博物馆、艺术场馆、展览馆以及工艺拍卖和各种形式的文化演出活动、娱乐活动、教育活动等展示、销售类型的活动。

（3）相关层

该层主要是指广告、建筑、观光等与传播文化的意义和内容具有一定关联的产品，虽然这些产业只是与文化内容有间接关系，但不可否认的是，其产品中具有文化内容的痕迹。

3. 在《文化、贸易和全球化：问题与答案》一书中的定义

2000 年，联合国教科文组织出版了《文化、贸易和全球化：问题与答案》一书，该书中将文化产业定义为生产、销售和创造内容的产业。

就其所提供产品的性质而言，我们可以将文化产业视为向消费者提供精神服务或是精神产品的行业。

就其经济过程的性质而言，我们可以将文化产业视为按照工业标准生产、储存、再生产以及分配文化产品和服务的相关活动。文化产业是生产和经营文化产品的特殊企业群。

（二）部分国家文化产业的内容和范围

1. 美国：以知识产权为核心的版权产业

美国国际知识产权联盟（International Intellectual Property Alliance，IIPA）于 1990 年开始使用“版权产业”概念来计算文化创意产业对美国整体经济所带来的贡献。美国学界以及政府广泛使用了版权产业，版权产业被美国政府和学界广泛地使用，版权产业的集中可以被认为是对美国文化产业的理解。与知识具有密切关联的被认为是版权产业，比如，音像录制、出版、电影、商业软件、电影发行等。

IIPA 为了与国际标准相一致，采用了世界知识产权组织（World Intellectual Property Organization，WIPO）界定的以下四种版权产业分类法。

（1）核心版权产业

该版权产业主要包括录音录像业、图书、广播影视业、报刊出版业、广告业、戏剧创作业、计算机软件和数据处理业等。研制、生产和传播享有版权的作品或受版权保护的产品是其基本特征。

（2）发行类版权产业

该版权产业主要包括图书馆、书店、音像制品连锁店、电影院线和相关的

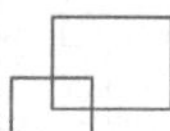

运输服务业等，换而言之，它主要是以零售或批发的方式向消费者发行或传输一些拥有版权的作品。

（3）部分版权产业

该版权主要指产业内部的一些物品享有版权保护，比如，玩具制造、纺织、建筑业等。

（4）版权关联产业

该版权主要针对收音机、录像机、计算机、音响设备、电视机、游戏机等产业，换言之，主要针对生产和发行的产品，并将诸如此类的产品与版权物品配合使用。

2. 英国：创意产业

20 世纪 80 年代，英国曾使用过文化产业的概念。1997 年之后，英国政府提出了新的产业模式——创意产业，并将文化产业的概念取而代之。英国的创意产业以及文体部等相关特别工作组对创意产业进行了定义，即源于个体创意、才干、技巧，通过知识产权的生成以及对知识产权的利用，有创造财富以及就业机会空间的产业。其范围包括：电视广播、互动休闲软件、电影和录像、时尚设计、计算及服务、音乐、广告、设计、建筑、艺术、表演艺术、古玩、出版 13 个行业。这一概念及定义后来被许多国家和地区使用。

3. 日本：内容产业

日下公人（日本学者）于 20 世纪 80 年代，从经济学理论的角度对文化产业做出界定与阐释：文化产业的目的就是创造一种文化符号，然后销售这种文化和文化符号。日下公人这一界定，不仅体现了经济与文化之间的结合，还在某种程度上体现了经济学、心理学、哲学之间的巧妙结合。日本文化产业范围包括四大类：出版产业（图书、报纸、绘画和教材等）、影像产业（电影、电视和动画等）、音乐产业、游戏产业。

4. 德国：文化经济产业

德国的文化经济产业主要指电影、音乐、图书和其他视听产品、私营戏院、艺术品市场等，除此之外，还指代与上述内容具有一定关系的网络信息系统。就德国的文化产业结构而言，出版和会展两大产业是其结构中的重点发展对象。

5. 韩国：文化内容产业

韩国主要以文化内容产业为主要发展对象，且韩国政府认为，那些具有高成长潜力以及高附加值的行业都属于文化内容产业。那么，什么是文化内容产业呢？一切与内容相关的经济活动都是文化内容产业，比如，创意、制作、生产、流通等。这里所指的构成文化内容产业的活动，其内容主要来源于任何类型的信息、知识以及与之有关的文化资源，比如，动漫、电影、游戏、音乐、电子书、娱乐内容、移动互联网、广播电视等。

创意是内容文化产业的不竭动力，数字技术是内容文化产业的基本载体，将多元素文化资源与先进数字技术相融合，便创造出了新的生产方式和消费方式，从而加速了新产业群落的产生，同时培养出一部分新的消费人群。传统产业被先进技术带动，实现了数字化的更新换代，为经济社会发展做出了巨大贡献。

6. 澳大利亚：以传媒为中心的版权产业

ANZSIC 产业分类体系，也就是我们通常所说的澳大利亚与新西兰标准产业分类体系。该体系对版权产业进行了类别划分：核心版权产业、版权分销产业、部分版权产业。

7. 加拿大：以国家主体意识和多元文化精神为核心的版权产业

加拿大的核心文化政策制定与执行单位是加拿大文化遗产部，英文名为：the Department of Canadian Heritage，它是加拿大支持出版产业以及管理出版产业的核心机构。该文化遗产部对文化产业做出了这样的界定。

文化产业包括以国家经济、文化、社会为主题的电影、电视、出版、广播、杂志、音像、图书等在内的印刷、制作、生产、广告及发行，除此之外，还包括了表演艺术、博物馆、图书馆、视觉艺术、档案馆、文具用品商店、书店等在内的相关服务及多媒体、信息网络等内容。加拿大在文化产业发展中坚持民族主体意识和多元文化原则。所采取的措施是政府促进和私人发展相结合。从国际文化产业分类的内容和范围来看，与传统产业相比，文化产业可以实现低能耗、高产出、以智力消费创造价值。

二、国际文化产业的发展与特点

（一）文化产业已经成为一些国家的支柱产业

事实证明，一些国家已经视文化产业为支柱产业，因为文化产业不仅提高了人们的就业率、提高了人们的生活水平，还促进了经济增长。有数据显示，2012 年美国的文化产业占到 GDP 的 24%，日本的文化产业占 GDP 的 10% 以上，韩国的文化产业占 GDP 的 7% 以上。美国文化产业于 2015 年解决了约 521 万

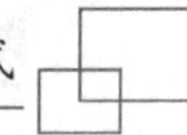

美国人的就业问题，与其他工业部门相比，雇员的薪酬要高出其他产业平均值27%。

就文化商品贸易领域来看，德、美、法、英、日5个国家于2015年共占世界市场份额的68%。在这5个国家之中，美国占据份额最高，占24%，随后是德国，其占16%的市场份额，按照由多到少的顺序其后依次是英国占13%、法国占8%、日本占7%。

（二）跨国文化产业成为影响国际文化产业布局的重要力量

目前，国际间有众多文化产业集团正在不断打破行业和地区的限制，通过跨国投资、兼并收购等，集中资金、技术、管理经验，推进文化产业整合。在这种全球化风潮中，文化产业发展正呈现出两种密切相关的崭新趋势，一种是空间上的聚集趋势，另一种则是产业整合趋势。

（三）技术研发创新推动了新兴业态成长、集聚和发展

国际上，从各种智能移动设备到谷歌眼镜，从云技术到3D打印机，人们的生活方式、企业的生产方式越来越智能和高效。新媒体的变革与创新改变了传统格局，文化产品的数字化正在加强。移动新媒体异军突起，类似谷歌眼镜这样的多样化的智能终端，将衍生出表现力与互动性更丰富的媒介产品及媒介服务，必将引领新一轮的媒体变革。云计算催生出了大数据，大数据对网上海量信息数据进行采集、分析、加工和利用，将促进个性化服务发展，降低信息处理的成本，也将改变文化创意的平台基础。3D打印前景发展越来越明朗，3D打印技术将设计和制造从此简化，设计师可以按照自己本来的理念设计，制造出勾画好的形象，而不必再担心设计出来而无法制造。文化产品从构思到成型将变得更加简单，文化产品的制作流程将发生变革。

三、国际文化产业的典型商业模式分析

（一）美国电影产业的发展和商业模式

1. 高效的生产制作机制

好莱坞电影制作环节主要的目的是生产出更多具有商业价值的影片，也就是说，提高电影产品质量和数量是好莱坞电影制作环节的根本目的。电影属于精神类文化产品，按照市场化机制的发展，好莱坞形成了一套流水线式的制片模式，并以此模式来制作更多具有商业价值的影片。

在制作每一步好莱坞电影时，好莱坞电影制片厂都将该影片分为若干个工

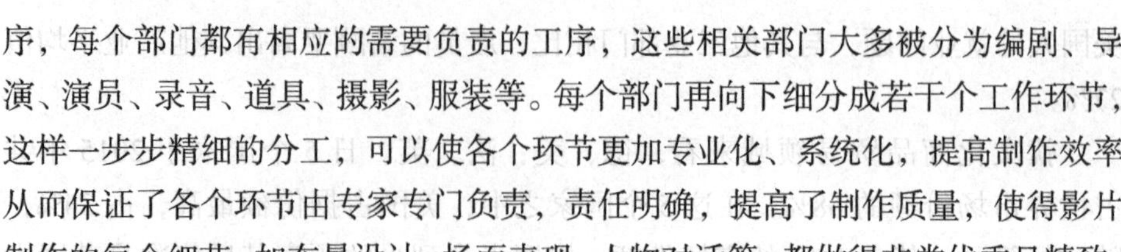

序，每个部门都有相应的需要负责的工序，这些相关部门大多被分为编剧、导演、演员、录音、道具、摄影、服装等。每个部门再向下细分成若干个工作环节，这样一步步精细的分工，可以使各个环节更加专业化、系统化，提高制作效率从而保证了各个环节由专家专门负责，责任明确，提高了制作质量，使得影片制作的每个细节，如布景设计、场面表现、人物对话等，都做得非常优秀且精致。

2. 多层次的放映体系

（1）小型影院

美国还有很多单独经营的小电影院。与院线制影院相比，它们显得稍简陋一些，一般都是单厅、单银幕，而且就环境和相关设备而言都不如院线制影院完善，所处的地点大多也都比较偏。

（2）院线制

院线制是美国电影发行放映体系的主要方式，美国有 83% 以上的发行放映收入都被大院线所占据。美国发行放映行业是在经过了长时期竞争以及兼并、联合之后，才逐渐出现了大型院线公司。比如大型知名院线公司喜满客（Cinemark）以及被万达并购了的 AMC 等，它们拥有一些设施较好且处于繁华地段的影院。这种都属于连锁影院经营模式，又被称为院线制。

（二）韩国网络游戏产业的发展和商业模式

目前，网络游戏产业发展的第一方阵营是美国、韩国和日本。韩国是紧随美国之后的全球网络游戏第二大国，是亚洲网游的第一大国。韩国的游戏产业在全球占有很高的市场份额，其官方发布的《2011 年韩国游戏产业白皮书（报告书）》中的数据显示，韩国游戏市场在 2010 年已达到 67 亿美元之规模，比上年增长 12.9%。在该数据中，有 45.6 亿美元为网络游戏市场规模，占整个游戏市场的 68.1%。韩国游戏的对外出口额，在 2010 年达到了 17 亿美元，比上年增长 29.4%，进口额为 2.4 亿美元，比上年减少 27%。2010 年，韩国游戏市场以 49.5 亿美元，占世界游戏市场（848.2 亿美元）的 5.8%，比上年增长 2.7%，曾经一度占据亚洲在线游戏 90% 以上的市场份额。游戏产业出口成为韩国文化产业输出的主要组成部分。2013 年，韩国政府提出了未来国际化“五大核心产业”的战略，排名第一的就是游戏产业。

（三）日本动漫产业的发展和商业模式

相关调查报告显示，日本在 20 世纪 80 年代的很长一段时间里，都处于经济低迷状态。当日本看到美国文化产业的成功之后，便也借鉴该经验，将产业

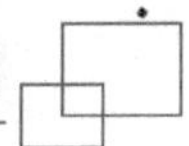

发展的中心进行了一系列的调整，最终将动漫产业作为文化产业的核心发展对象，使其一步步成为文化产品出口的主力军。

目前，日本被世界视为动漫王国，因为它是世界上最大的动漫制造国以及动漫输出国。在全球播放的动漫作品中，日本的动漫作品占61%之多。从欧洲动漫播放量来看，日本动漫占其播放量的85%左右。

日本动漫产业的发展为日本动漫消费奠定了良好的基础，在此基础上形成了完整的动漫产业链。在很大程度上，电视也给动漫产业带来了巨大的发展机遇。

第三节　我国文化产业的融资模式

一、我国文化产业的主要融资模式

（一）政府投资

我国是一个文化资源大国，但我国文化产业的发展历史不长，这就出现了文化资源和当前的文化产业规模不相符的现象。同时，文化和创意类产业在资金、资源、管理和人才等方面的要求比较高，使其自身的发展速度受到了限制。

随着近年来文化产业逐渐发展为新的经济增长点，政府对文化产业加大投入，以促进资源的合理利用和合理配置。国家财政对文化产业的支持力度不断加大，2008年文化产业发展专项资金为10亿元，2012年为34亿元，2013年为48亿元。专项资金在坚持扶优扶强的同时重视东部地区、中部地区、西部地区和不同行业之间的均衡发展，并向中部地区、特色文化产业和新兴文化产业做出一定的倾斜。在资金分配工作中引进专家评审机制，将按照行业分类改为按照支持方向分类，从而使资金分配更加科学规范。

（二）金融机构融资

金融机构融资是我国文化产业主要融资渠道之一。2010年，文化部（现为文化和旅游部）等九部委出台了《关于金融支持文化产业振兴和发展繁荣的指导意见》。此后，为拓宽文化产业投融资渠道，完善文化产业投融资体系，文化部积极发挥政府的公共服务职能，陆续和中国银行等7家银行机构建立合作关系，促进文化产业投融资工作顺利进行。同时出现了文化类资产抵（质）押融资、文化产业供应链融资等新型融资模式为文化产业服务。

《银行业支持文化产业发展报告（2018）》显示，截至2017年末，包括政策性银行、大型商业银行、邮储银行和股份制商业银行在内的21家主要银行文化产业贷款余额达7260.12亿元，并保持持续增长的势头。这些信贷主要分布在新闻出版、广播影视、网络文化等多个领域。

近年来，金融服务对文化产业的支持逐渐向更深层次发展，越来越多的金融机构投身文化产业的意愿愈发强烈。同时，在投融资实践中，金融机构对文化产业各个行业的特点和发展情况非常了解，并在支持方式和支持领域等方面做出了新的探索。

根据相关调查显示，金融机构与文化产业的合作主要涉及广电、传媒、新闻出版、工艺品制造、产业园区、文化旅游、动漫游戏等领域。一般来讲，大型知名企业获得信贷的可能性更高，中小型企业则不太容易获得信贷支持。

（三）风险投资和私募股权

2011年文化产业主题投资基金在股权投资市场上大放光彩。文化产业主题股权投资基金有14只，总目标募集资金额超过450亿元，这一金额远远超过了2010年9只文化产业主题股权投资基金获得的200亿元的总目标募集资金。这些基金中中国文化产业投资基金的规模最大，总募集基金达200亿元。

这14只文化产业股权基金来自全国7个省、市、自治区，其中江苏省设立的文化产业基金多达4只，但北京市的总募集基金最高，达到220亿元。

投资机构不仅关注影视产业，还关注新媒体、互联网等发展较快的新兴文化业。

（四）债券融资

债券融资是指企业通过发行债券的方式从银行直接融资，其中主要发行的债券种类有短期融资券、中期票据、中小企业集合债券等。与传统信贷融资相比，债券融资的利率更低、担保方式更丰富、融资企业信用门槛更低，资金募集使用更加灵活。

债券融资最显著的优势是在企业缴纳所得税之前扣除债券利息，从而降低企业的税负。债券融资还能够避免稀释股权，但是大量发行债券会使企业的信誉降低，提高企业再融资的成本。

企业通过发行债券来融资，并非简单的融资途径。2007年，中国电影集团公司发行了5亿元企业债券，这是国内首家获准发行企业债券的文化传媒企业。因为中国电影集团公司在我国的电影行业有着特殊的地位，所以人们不会质疑它的信誉和偿还能力，故而获得批准发行债券，同时由中国建设银行股份有限公司授权北京市分行提供全额无条件、不可撤销的担保。但中小型企业发行债券还有很长的路要走。文化企业收益高，风险也高。企业通过发行债券获得的资金一般应用于瓶颈项目，这种融资方式不是文化产业的主要融资方式。民营电影公司常用的融资方式是国家扶持基金、私募基金和风险投资资金。

为扩展文化企业的融资渠道，降低文化企业的融资成本，文化部于 2012 年开展了文化企业债券融资工作。这项工作首先在北京、江苏和深圳等地试点展开，并取得了良好的成效。

（五）其他融资

除上述融资方式之外，文化产业融资方式还包括民营资本进入、产业引导资金、信托融资、产权融资等，这些融资方式各有利弊。文化产业在选择融资方式时可以根据企业的性质和项目的特点进行选择。小型文化企业一般采用吸收民营资本进入的方式，博物馆等传统的文化单位可以利用产业引导资金发起公共性质的文化宣传等。

二、我国文化产业融资的发展趋势

近几年，我国的文化产业的多采用私募基金、风险投资等直接融资的方式，文化企业上市募集资金的现象非常多，政府也在加大投资力度。此外，在 2012 年，有文化产业特色的银行业文化企业贷款专属金融产品更加丰富。影视、互联网、新媒体等新兴文化产业，文化艺术、文化旅游等传统文化产业的上市、并购进一步增多。同时，随着文化产业投融资规模和范围持续扩大，融资风险渐增。这主要有两方面原因：一是文化产业的投资周期比较长，存在很大的市场不确定性，风险较大；二是很多文化企业的改制尚未完成，没有建立起完善的风险管理体系，缺乏风险管理意识。

第四节　国际文化产业的融资模式

一、美国文化产业的市场主导融资模式

（一）整体情况

说起世界中的文化产业大国，美国算是其中的一个，其从整体竞争力来讲已经居于世界之首，该国的文化产业已近乎成熟，总产值占据了 GDP 总值的

23% 左右。美国之所以取得如此成就，与早年的一些计划有直接关系。20 世纪 60 年代，美国在调整产业机构时，就已经将发展高科技文化产业视为经济发展的方向之一，与此同时，采取了相应的法律、经济、行政等措施加以辅助。

美国文化产业之所以能够得以迅速发展，有很大一部分原因是政府的帮助，政府为文化产业创造了较为良好的市场机制以及外部环境，特别是其相对完善的融资体制、多元化融资渠道以及多样化融资方式，保证了美国文化产业的发展。

在相对成熟的文化市场体系基础上，自由市场机制模式成为美国政府所采取的一种手段，主要对文化产业发展做出了严格的要求，使其服从于市场，这一点在文化产业融资层面体现得尤为突出。

在市场运作过程中，美国文化产业自发地形成了由融资、评估、竣工担保、风险管理、产权交易等组成的科学体系。市场化的民间金融机构是美国文化产业融资模式的主要融资来源，对于美国政府而言，其没有对文化产业融资项目进行相应规划，通常是由中小企业管理局为中小文化企业提供相应的保障。

除此之外，文化企业可以通过创新金融产品，如依靠贷款、债券和发行股票等多种融资方式，来吸引养老资金、私募基金和保险资金等，从而使社会资本进入文化产业，最终建立一个渠道多元化、方式多样化的融资体系。

（二）美国电影产业典型融资模式分析

完善的市场体系是美国文化产业发展的基础，新颖的融资模式是文化产业的动力源泉。美国政府和企业家们通过对金融市场的不断创新，建立了完善的市场化融资体系，推动了美国文化产业的蓬勃发展，也为其他类型文化产业融资问题的解决方案提供了借鉴。

1. 创新的金融市场

新金融技术、新金融理念以及金融自由化的发展起始于 20 世纪 90 年代，它们可谓是美国电影产业发展的根本助力器。1995 年，美国将投资组合这一理论运用到了电影行业之中，在一定程度上降低了投资的风险。除此之外，具有不同背景的资金也一并涌入电影市场。

电影投资基金在 2004 年的华丽登场，意味着电影投资行列多了一位成员——华尔街的私募基金。在美国，电影投资基金的募集通常是由私募基金以高收益债、低收益债和优先股等不同品种的金融产品吸引风险承受能力不同的投资者，主要通过股权融资、夹层融资、优先级债务贷款和发行 AAA 级债券的方式来实现。

2. 完善的保险制度

保险制度贯穿美国电影的方方面面和各个环节。在好莱坞电影世界里，从导演、演员、编剧再到美术指导等的身价和票房号召力都有完备的市场数据库可供查询。常见的保险项目有一般责任险、演员保险、财产损坏保险等。一个剧组在正式开机拍摄前，都会根据法律和投资者的要求购买各种保险。保险公司会根据剧组相关人员的市场身价和相关资料给电影项目评估确定一个票房指数，然后给予剧组相应的保险额度。

二、韩国文化产业的政府主导融资模式

（一）整体情况

对于韩国文化产业而言，其发展模式主要掌握在韩国政府手中。由于韩国的整体面积相对狭小，所以文化消费的市场规模也不大，大部分商品需要拿到海外市场去销售，才能使其实现自身价值。

在产业刚刚起步阶段，信用体系还有一定的疏漏，信用基础良好的机构必须承担一定的信用风险，所以韩国政府在文化发展过程中起着十分重要的作用。资产评估、融资、完工保证、技术评价以及其他相关的服务等，都是韩国政府建立并扶持的从属于文化产业发展的机构。

以非市场资源来建设一些金融机构，间接或直接融资于文化和高科技产业之中，是韩国政府为了发展新兴产业所使用的一种手段。除此之外，市场悄然接受了具有无形资产的文化企业所发行的公司债券。

（二）韩国网络游戏产业典型融资模式分析

由于国土面积问题，韩国国内文化市场相对来说比较小，因此，该国的文化企业在建立初期，大多以小中型企业为主，其竞争能力更是微乎其微。韩国建立了政府主体的融资体系，并在此基础上开拓出了网络游戏产业的发展。为了帮助游戏产业快速进入全球竞争的轨道，韩国政府加大了对网络游戏产业的预算投入，在游戏行业，其每年投入的资金高达 50 亿韩元（约合人民币 3.5 亿元）。

除此之外，韩国政府还针对网络游戏产业投资金融体系组织了一些相应的培训，不断对游戏行业投入帮扶资金。

三、日本文化产业的政府与市场相结合的融资模式

（一）整体情况

日本比较重视文化产业，但与美国和韩国不同的是，日本政府采取观望和推动的态度，不予全权办理，由政府和民间金融机构一起融入文化产业融资中。

日本政府在技术开发的行政指导、信贷、财政补贴、税收优惠等方面给予文化企业等创新企业更多的政策倾斜和扶持，以促进创新企业的建立和发展。日本政府鼓励国有股份银行和其他政府体系的金融机构对包括文化企业在内的创新企业进行投资或特别贷款。在日本政府的积极引导下，民间资本投资文化企业的热情不断升温，已经成为文化产业主要的融资渠道。

日本文化产业的迅速发展不仅是因为得到了政府财政政策的大力扶持，更重要的是得益于多元化、顺畅的投融资模式和渠道。它解决了政府财政资金有限的问题，能够根据各行业的实际情况进行及时的援助和支持。日本民间金融界开始发展以无形资产做担保的融资，并将无形资产在资本市场进行资产证券化，为无形资产开发从业者筹集资金。

（二）日本动漫产业典型的融资模式分析

在日本，产品开发的投资联盟体系关系到其整个动漫产业是否能够获得成功。为什么这么说呢？让我们来简单分析一下。想要完成一部完整的动画作品是需要不小的投资的，比如，动漫作品的原创室、出版商、负责上市的公司、负责宣传包装的公司、负责播映的电视台或第三方平台等。因此，需要由产业链中的多个公司来共同对其进行投资，试想，若由一个公司完成上述内容，实属不易，而且还承担了巨大的新产品开发风险，因此，需要诸多公司一起来投资推出一部动漫作品，这样不仅可以拓宽资金的筹备渠道，不至于让投资公司陷入金融危机，还能有效分散新产品开发的风险。既使产品开发资金得到了保障，又调动了各方的积极性。

如大家所熟悉的《千与千寻》，该作品是吉卜力工作室的代表作，同时也是产品开发投资联盟体系最为成功的典型案例之一。该动漫作品是由 Tokuma Shoten 出版社、Dentsu 广告公司、Touhoku Shinsha 电影公司、Nippon 电视网和其他一些机构共同投资制作的。投资方根据各自的投资比例分担风险，获取收益。最终，作品以高业绩回报了各投资机构。

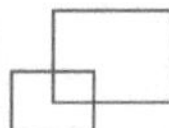

另外，日本政府针对动漫产业建立了比较完善、严谨的支持机制。其中包括个人投资及投资方式的环境改善、动画公司完成作品的信用保证、信托法与税制的调整以及对于动漫制作者精神和资金方面上的鼓励和支持等等。

日本政府实行知识产权证券化模式，即创建能够生成未来现金流的资产组合，并在资产组的未来现金流支持证券的发行，解决了动漫企业的融资问题。日本电影产业和动漫产业在大多数情况下会采用信托版权的方式进行融资。日本数字内容信托公司（JDC）可谓日本最大的文化产业投融资创新企业，该公司就曾与网络券商进行相关联合，推出了新人明星写真基金，该基金属于公募基金形式。

对于像东京三菱银行这种日本大型银行而言，可以并愿意接受以动画版权作为担保提供融资，这无疑为动漫企业的资金筹措提供了有力保障。日本政府于 2013 年决定出资 400 亿日元，并召集广大群众实施募集民间资金，其目的是设立专项基金，并以此来推进日本文化产业的发展。基金将向出口动漫产品的文化企业进行投资。

四、国际文化产业融资经验的启示

（一）加大国家的财政投入

我国应根据文化资产的特殊性，结合我国经济发展模式及现阶段实际情况，借鉴国际文化产业发展的经验和启示，针对我国文化产业起步较晚、文化市场相对稚嫩、文化企业规模相对较小的特点，通过政策引导、财政投入以及税收优惠等相关有效的扶持手段和政策，将资金杠杆的撬动作用充分发挥出来，并积极建立政府引导的相关文化区产业融资体系。

（二）创新金融产品，积极开展文化资产抵押业务

银行应与产权交易、证券、信托、评估机构和担保公司等相关机构合作，为文化产业提供资金结算、供应链融资、并购贷款、机构理财、国际业务等较为综合的金融服务。

（三）充分利用多种金融手段，积极吸引社会资本

企业融资的主要手段和来源分别是资本运作和金融市场。政府可借此通过对金融市场以及产权交易所的不断完善来引导文化企业，使其利用私募、上市、并购与重组等方式来吸引金融市场中存在的各类风险投资或社会资本。

（四）发挥文化企业资产评估作用，完善融资风险防范体系

文化企业价值的不确定性在很大程度上取决于文化资源和产品的特点，所以，必须不断强化研究文化企业资产评估的参数和方法，使资产评估在文化企业直接融资中充分发挥其专业作用。基于发展和完善文化企业资产评估背景下，为了降低和避免融资的风险，文化企业在融资的过程中应形成以银行、律师事务所、担保公司和资产评估公司四位一体的风险分担模式。

第三章　文化企业的治理结构与组织设计

文化企业的核心资源是与人的智力相关的无形资源，包括知识产权、创意、技术、品牌、人力资本等。这些资源从属于不同的个人、组织和团体，往往与个人和群体成员难以分割，其中很多资源并不能完全为企业所拥有，会随着个人离开公司和群体的解散而流失。因此，当这些资源被投入企业精神产品的生产系统中时，企业实际上成了一个由多个个体、团体和组织参与合作的生产系统。在这样的一个由多个利益相关者参与的生产系统中，企业对关键资源的控制和对生产系统的组织设计决定了整个企业的运行效率。

第一节　文化企业的治理结构

一、公司治理结构

公司治理结构（Corporate Governance Structure）也被称为法人治理机构，是现代企业制度中最重要的组织架构。从根本上讲，治理是指制约经理的方法。在代理经营的情况中，股东出资投资企业，但企业由职业经理经营。但经理的利益和股东的利益不相同，信息不对称，股东不能对经理进行及时的监督。因此，股东需要使用一些方法监督和制约经理。这些方法就是公司治理最基本的含义。1997 年，哈佛大学的经济学家史雷夫（Shleifer）和芝加哥大学经济学家威施尼（Vishny）进一步把公司治理定义为：公司治理研究如何保证公司的出资人可以获得他们投资所带来的收益，研究出资人怎样可以使经理将资本收益的一部分作为红利返还给他们，研究怎样可以保证经理不吞掉他们所提供的资金、不将资金投资于坏项目，即公司治理就是要解决出资者应该怎样控制经理以使他们为自己的利益服务。

现代公司是由法人实体、广大股东拿出钱来投资到一起，按照事先约定的公司章程来独立运作的组织形式。对于公司法人来说，股东是出资人，大多数股东不参与企业的经营活动，只是依法享有企业经营成果的收益权、剩余财产索取权和重大经营活动知情权。公司的经营活动由职业经理组织进行，经理不需要向大股东征求经营活动的意见。经理与股东有不同的利益，企业的股东一般希望通过经理的工作使得企业能够长时间存续经营并获得最大的企业价值，即获得最大的利润。

但经理的利益与之不同，经理的希望可能不是获得最大的企业价值而是获得最大的个人收益、使在职支配的资源能够满足个人需要并获得最大的效用，即凭借经营公司获得最大化的自我价值。如果企业的经理在这种利益的驱动下工作则可能不能满足股东的利益，在这样的利益驱动下，经理的工作更多的是为自己工作，并且股东不能监督经理的工作，会造成信息不对称。

现代公司尤其是文化企业的治理问题，要比人们所熟知的公司治理困难得多。由于文化企业的关键资源为创意和管理人员的人力资本、团队的群体创造力等，这些无形资产与个人和团队紧密关联，无法分离，也难以用书面的文字表现记录，只有个人和团队自己掌握这些资源的信息，难以监控，因此，文化企业的信息不对称性更高。对于文化企业来说，企业已经成为围绕公司的关键资源由众多利益相关者共同投资形成的价值网络。在这样一个系统中，影响公司经营和发展的权力已经不仅仅来源于金融资本，即公司出资股东，而是可能来自各种无形的关键资源投入者和所有者。虽然从形式上看，谁出的钱多，谁的嗓门就大，但是，嗓门大的不一定就是影响力最大的人。金融资本的所有者不一定是真正掌握公司关键资源和控制公司未来的人。例如，在演出经纪和影视拍摄方面，投资人往往并不熟悉行业规则，也难以了解具体过程中的经营活动，相关的信息只有制片人、经纪人和导演们最清楚。影视片公司的股东们一般不会直接去经营公司，作为首席执行官代表出资人对影视片的投资做出决策，他与他的经营团队成为决定公司产品和市场的关键，而影响影视片市场命运的还有导演、演员、影视公司的监制、影视审批部门、发行公司等。而出资人对具体的剧本的选择、制作、发行等环节无从深入了解，而这些环节上涉及的并不是直接可见的物质产出，而是大量与个人和团队相关联的专业技能，如对好剧本的鉴别能力，将剧本、导演、演员优化组合的能力，影视片营销能力，影视片项目管理能力，对各环节的成本和利润控制等等，这些无形的资源和能力已经成为影视公司的核心竞争优势。此时，出资人看到的只不过是提交上来经过修饰的公司报告或者最终的一个电影拷贝，实际上他已经失去了对公司的真正控制。尤其是非上市企业，由于信息无法公开，投资方的利益就更加难以得到保障。

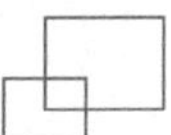

二、公司治理的主要工具

对公司治理，通常开出来的主要处方是，首席执行官、公司章程、独立董事、具有良好结构的董事会、独立专家、新闻媒体，以及包括政府、管制机构和利益相关者的多重约束。

一个公司处于成长期，需要引入更多外部的资本；如果公司不断壮大，满足了上市的要求，一旦公司成为上市公司，就需要处理公众的投资问题。公司的创始人可能无法扮演好如此多的角色，需要有专门的职业经理人来承担公司的这些责任。首席执行官，就是公司的最高行政总裁、总经理或最高执行长。首席执行官机制使得公司能够雇用一些高度职业化的人员从事公司运营工作。但是，这种完全的委托代理关系根本不足以保证完全消灭自私劣根性造成的机会主义，并彻底解决信息不对称问题，照样存在道德风险。

至于公司章程，是公司成立之初就确定的基本制度，包括董事会的构成和公司管理等方面的约定。但是对于大多数公司来说，这种纸上的约束，在创建公司之前，会有人与你耐心讨论，但是，一旦公司正式运转之后，公司章程往往就成了放在案上的一份无人愿看的文件档案。

独立董事，即不在公司任职、不参与具体事务、没有公司股票但能为公司出谋划策的人。因为没有利益方面的因素，独立董事可以根据自己的专业知识，代表广大中小股东的利益，参与公司的决策。独立董事制度是在英、美国家为了强化公司内部制衡机制而采取的一个有效选择，旨在制约内部控股股东利用其控制地位做出不利于公司的事情。但是真正具有责任心和专业判断力的独立董事往往可遇不可求，不仅少得可怜，而且即使找到了，如何让他们置身于董事会中也似乎是个问题。

和独立董事一样，独立的专家可以凭借专业知识参与公司的经营管理决策，从专业角度提出建议。但是，独立专家可能存在的问题是，专家往往容易屈服于某些个人的意志，或者只是为了利益的因素，他们在公司陷入困境或者需要帮助的时候出现，拿了钱之后，他们会寻找下一个客户，将给上一个客户讲解过的事情重新再讲解一遍，甚至收取更高的费用。

董事会是公司治理结构的核心，董事会的结构包括董事的数量成员类型。董事会成员是指对股东和公司负有信义义务、占据董事职位的任何人，通常可以分为内部董事、法人代表董事、独立专家董事和专务董事（来自律师事务所、咨询公司等方面的兼职董事）。董事会通常具有以下五项权力：一是确定公司战略规划、批准经营计划和预算；二是决定重大投资、筹资、撤资、并购、非经常性交易；三是确认执行董事、经营班子的经营业绩；四是任命CEO及经营班子成员；五是决定CEO及经营班子其他成员的薪酬。董事会的构成从来就是被设想得无比美好，具有良好的结构。但是，董事会从来就是利益的角斗场，董事会不是变成内部的俱乐部或密友的聚会，就是一切钩心斗角、讨价还价的渊薮。对于文化企业来说，很多信息隐藏在公司的营运过程中，如一个演唱会票务销售的具体情况，一部电影拍摄过程中的成本和费用是否合理等，这些都存在很大弹性，而且不是在董事会上就能够完全解决的问题。因此，董事会的关键在于治理的机制，而不仅仅是结构，需要通过治理的机制来协调董事会和经营层的关系。如果只注重治理结构而不注重治理机制问题，就会造成董事会的形式化和空洞化。

总之，公司治理的工具各有其优点和不足，不能仅仅把一种工具当作万能药，需要组合起来对应不同的场合使用，开出的药方不能简单地说是否是对症下药，但是是否按时服药还得自己做主。

三、文化企业公司治理的难题

文化企业的存在基础，并不仅仅是它所拥有的代表着股东利益的金融资本。金融资本只不过是文化企业存在的必要条件之一。形成整个文化企业的核心竞争力的，往往是那些企业的无形资本。这些无形资本包括了诸如管理能力、专业技术能力等在内的人力资本，著作权、商标、商业秘密、技术、设计等知识产权，品牌和企业的销售网络等。这些资本对企业的存在和发展起着决定性的作用，具体表现如下。

第一，这些无形的资本一方面需要与具体的金融资本结合，才能实现其自身的价值转化，形成企业最终的产出。另一方面，这些无形资本在与资金结合之后，在整个价值转化的过程中起着决定性的作用，也就是对于产出的大小和质量具有关键性的作用。例如，对一部电影来说，虽然资金充足是电影能够开拍的一个前提，但是电影项目所聘请的编剧、导演、演员的能力和知名度等，往往直接关系到一部电影的成败。一个设计项目能否成功，往往由设计公司的品牌、设计师的知名度和设计团队的工作能力决定。因此，这些无形资本成为文化企业的关键性资源。对于文化企业来说，无形资本的贡献不可忽视，比金融资本的作用要大得多，甚至起着关键的作用。对公司的控制权力不但来自公司有形的物质资本和金融资本的投入者，还来自公司无形资本的投入者。例如，文化企业集团作为母公司可能对其影视公司或者子公司投入了金融资本，具有绝对或者相对的控股权，但是在公司的具体运行当中，决定公司经营业绩好坏的是营销网络、经营者的人力资本投入、行业的特定关系等等，这些无形资本对公司财富的创造起了决定性的作用。如果忽视了这些要素对企业剩余资本的索取权，必然会影响到公司的运行。这些无形资产的所有者往往也是公司实际运行中的经营者，对于这些无形资产的所有权和控制权从本质上说很难分离。

第二，这些无形资本虽然是公司的关键性资源，但是对其价值的测量确实是一个难题。对于传统的工业制造企业，其主要的运行资本是投入的有形物质性资产，诸如厂房、资金、机器、原材料等，这些都是可以确切地用货币加以计量、记录和监控的资产。因此企业可以事先确定这些资产的质量和数量，并按照一定的比例关系，来确定董事会的构成和权力的分配。但是在文化企业中，如一个监制的项目管理和制片能力及企业的品牌等，这些资源本身具有很强的不可替代性和独特性，难以与其他可替代物相比较，对这些资源的评价难以用货币准确计量。而且，这些资源的使用状况和工作效率常常没有办法通过现有的会计系统进行直接的评价和监控，难以像传统的物质产品制造部门那样，对无形资源进行全面信息收集与运行控制，形成系统的报告制度，让企业的董事会和管理高层能够及时地掌控这些资源的运作状况。

第三，有关这些无形资本的信息是不对称的。企业就像一个复杂的系统，而每项决策都需要信息的支持，治理机制看似是一个如何让经营者能够按照股东的利益和公司价值最大化的标准行事的机制，但是董事会的决策基础是公司的财务管理报告和信息机制，公司经理行为的形成和影响手段也是建立在有关信息的基础上，通过多方面博弈而达成的结果。实际上所有的治理机制的根本是解决一个信息不对称的问题。对于文化企业来说，公司的核心能力和关键无形资源存在着信息的不对称，对这些资源具有直接控制权和影响力的可能是公司中的个人，或者是组织中的核心管理团队和专业技术群体。例如演艺剧团的名角、电视剧的剧组、网络游戏设计团队等，这些成员和群体可能没有对企业投入实际的资本金，但拥有企业运行所必需的无形资源和能力。正是由于这些资源难以计量核算，这些资源的使用用途和方法往往只被拥有和熟知这些资源的人所控制和掌握，作为公司的其他股东和出资者往往不能获得完全的信息，也难以对资源的实际使用情况进行全面的监控。比如拍摄电影往往是导演说了算，投资人有的时候无法具体地了解电影的拍摄情况。对于电影《功夫》这样投资巨大的大片，投资者对周星驰公司的拍摄过程知之甚少，这种情况在演艺圈并不少见。

第四，是关于公司盈余的分配问题。由于无形资本难以计量，所以其对于公司价值创造的贡献也难以精确地测量。在传统的会计领域，对于无形资产处理方法还十分落后，并没有把它作为资产看待，很多情况下是作为成本和费用处理，如研究开发的投资支出、人力资源培训费用支出（实际上是人力资本的投资）等。由此造成公司的出资者或者金融资本投入者认为公司的所有盈余理应由他们完全支配，进而忽视了人力资本等无形资本的贡献和应当具有的分配权，造成公司缺乏相应的激励机制。

因为，传统的治理结构是建立在对公司的有形物质资产的监控和管理的前提下，通过对公司董事会结构的安排进行权力的分配。所以物质资产的控制权集中于公司的出资者，出资者对公司物质资产的投入多少决定了他们对公司所有权的份额以及对公司未来创造的财富的分配权力。此时，公司的治理就是决策权力如何在董事会中分配，可以通过股东与经理层的委托和代理关系的安排来实现股东所有权和控制权的两权分离。公司治理的中心问题实际上是如何分配公司未来的盈余问题，如何促使职业化的经理层更加努力地按照股东的意愿工作，也就是一个蛋糕应该如何切的问题。这中间并没有考虑到无形资本的贡献，以及无形资本的所有者对公司创造的财富的分配权的问题。

对于这些资源的管理和控制，其范围已经扩散到企业的具体运行环节，涉及公司的组织设计和管理结构等。此时，公司治理的中心问题也已经不是原来的如何分配的问题，而是如何能够最大化地开发公司无形资产的价值，实现公司价值最大化，也就是如何把蛋糕做大的问题。因此，文化企业的公司治理必须将公司的治理结构、治理机制和公司的管理组织结构相结合，而不能仅将治理的问题停留在股东、董事会和经理层关系的形式主义上。除了传统上的公司治理的手段，以及对于公司经理层的期权和股份等激励方式之外，治理的关键问题还涉及公司整体组织上设计的问题，以及与组织设计相关联无形资产的信息披露机制和激励机制。

文化公司的组织设计又涉及这些无形资源在具体生产过程中的联系，以及由此形成的组织内外的关系，这些关系决定了组织结构的形态。狭义的公司治理主要是指公司的股东、董事及经理层之间的关系，但是从广义上说，公司治理还包括公司与利益相关者（如员工、客户、供应商、债权人、社会公众）之间的关系，以及有关法律、法规等。企业就像是一个机器，它运转得是否有效率，在很大程度上要看它的动力系统是否能够有效工作。加入WTO之后，国际竞争在很大程度上是公司治理的竞争。假如没有完善的公司治理结构，国内企业首先在利用国际市场筹集资金方面就输给自己的竞争对手，而进入文化产品市场并参与竞争就更加困难。

第二节　文化企业的组织设计

一、组织的相关概念

（一）组织

组织的含义可以从不同的角度去理解，在管理学中组织有两层含义：静态方面，组织是为了达到某种特定的目标，由分工与合作及不同层次的权力和责任制度而构成的人的集合，如各种企业、事业单位等；动态方面，组织是指组织职能，是对人员的使用进行合理的分工，对生产要素进行有效的组合，使它们在时间和空间上相互协调，以提高整体效应。具体地说是把工作进行精确分工，然后在分工基础上进行协作以完成工作目标的种种途径，包括设定工作岗位、将岗位组合成组（建立部门）、确定上下级关系和相互作用的框架等。

（二）组织结构

企业组织结构是企业全体职工为实现企业目标，在管理工作中进行分工协作，在职务范围、责任、权利方面所形成的结构体系。可从以下三个方面来理解：一是组织结构的本质是职工的分工合作关系；二是组织结构的核心内容是权责关系的划分；三是组织结构设计的出发点与依据是企业目标。

企业组织结构作为一项工具在实施企业的发展战略过程中发挥着重要作用。良好的企业发展战略需要通过适应企业的组织结构去完成才能发挥作用。实践表明，与企业不相符的组织结构会阻碍企业发展战略的实施，使良好的企业发展战略成为空中楼阁。因此，企业组织结构的设计要将企业发展战略作为依据，并根据企业发展战略的变化及时调整。

（三）组织设计

组织设计是一个建立或改造企业组织的过程，是在管理劳动分工的基础上，设计组织所需的管理部门以及各个管理部之间的关系。其作用在于，在特定条件下设计和保持一种环境，使企业的管理能够在组织内展开，从而实现管理者对组织所拥有资源的计划、组织、领导和控制，并有效地完成目标。它包括对企业活动框架和组织结构的设计与再设计，是把任务、流程、权力和责任进行有效组合与协调的活动。

二、组织设计原则

现代企业组织的设计必须遵循一些基本的原则，这些原则是从众多企业的成功经验和失败教训中总结出来的，对于正确、科学地设计组织结构具有重要的指导作用。

（一）目标任务原则

任何一个企业成立时都有其宗旨和目标，因而，企业中的每一部分都应该与既定的宗旨和目标相关联。组织是实现组织目标的有机载体，组织的结构、体系、过程、文化等均是为完成组织目标服务的，达成目标是组织设计的最终目的。组织机构一般包括为实现这一目标而设立的很多部门，每一个部门根据总目标制定本部门的分目标，这些分目标又成为向其下级部门传达的基础，这样目标被层层分解。要通过企业组织结构的完善，使每一个人都了解自己在总目标实现中应完成的任务，在实现企业目标的过程中做出更大的贡献。

（二）核心竞争力原则

核心竞争力是一个企业独特的、难以模仿的、无法替代的能力，是现代企业确立竞争优势的基础。企业的竞争更趋向核心竞争力的竞争。组织结构的创新应该围绕文化企业的核心能力进行设计，要有利于核心能力的获取与保持，有利于核心能力在竞争中发挥作用。

（三）灵活性原则

文化企业组织的设计必须遵循灵活性原则，使组织具备应对外部环境和内部结构变化的能力，这是经济全球化和国际市场竞争的需要。组织结构应该有相对的稳定性，任何调整都会或多或少地增加成本，但是，组织结构作为一个开放的系统，企业与周围环境之间存在着互相影响。现代企业环境的变化是相当迅速的，当环境发生变化时，为了适应环境的变化，组织结构必须具有足够的灵活性，与环境保持协调和一致。

（四）集权与分权相结合原则

为了使文化企业的最高领导层既能够解决好企业发展战略、方向等重大问题，又能很好地调动下级优秀人才的积极性，在组织设计时必须坚持集权与分权相结合的原则。

这条原则需要企业有与之相对应的管理体制来保证其实施，即集权与分权相结合的管理体制。企业应集中需要集中的权力，其他权力则分配给下级，从而提高企业的灵活性和适应性。如果企业的最高管理层集中了太多权力，会使企业的最高管理层陷入企业经营的琐事中，而不能将专注力集中在企业的战略性和方向性的大问题上；反之，权力过于分散，则难以协调各个部门的工作，给企业采取统一行动造成阻碍，不利于实现整体利益的最大化。因此，企业需要实行集权与分权相结合的管理体制。这种管理体制能够充分调动企业各个部门的工作积极性和主动性，同时能够减轻最高管理部门的工作负担，便于其集中精力管理公司发展的重大问题。但在企业中，哪些权力需要集中，哪些权力需要分散并没有固定的标准，需要企业自行决定。

（五）权责对等原则

权责对等原则是指在一个组织中的管理者所拥有的权力应当与其所承担的责任相适应的准则。组织中的每个部门和职务都必须按时完成规定的任务，管理者拥有的权力与其承担的责任应该对等。所谓对等就是相互一致，不能拥有权力而不履行其职责，也不能只要求管理者承担责任而不予以授权。职责不像职权那样可以授予下属，它作为一种义务是必须履行的，职责不可以大于也不应该小于所授予的职权。

（六）统一指挥和均衡原则

统一指挥是现代化大生产的客观要求，它对于建立健全组织、统一组织行动、协调组织是至关重要的。要保证统一领导，组织机构一定要按照统一领导的原则来设计。为了保证政令统一、顺畅，使企业的最高决策能够得以贯彻落实，任何下级只能接受一个上级的领导，不得受到两个或更多的上级领导的直接指挥。上级不得越过直属下级进行指挥，下级也不得越过直属上级接受更高一级的指令。职能管理部门只能是直线指挥主管的参谋和助手，有权提出建议，提供信息，但无权向该级直线指挥系统的下属发号施令。这一原则可以防止出现越级指挥、政出多门等问题。

在实行统一领导的同时，还必须实行分级管理，就是在保证集中统一领导的前提下，建立多层次的管理组织机构，自上而下地逐级授予下级行政领导适当的管理权力，并承担相应的责任。要求做好各个机构、人员之间的职责、职权、工作量等的均衡，坚持均衡原则，不宜偏大或偏小，要制定统一的标准。

三、影响和制约组织结构的因素

组织结构的设计不是凭空的，要考虑各个方面的因素，一个好的组织结构

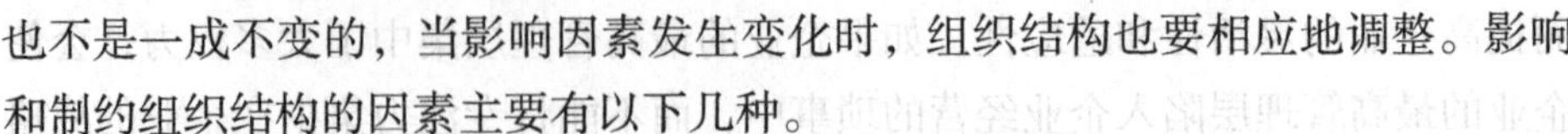

也不是一成不变的，当影响因素发生变化时，组织结构也要相应地调整。影响和制约组织结构的因素主要有以下几种。

（一）信息沟通

信息沟通，就是组织机构内部各部门之间通过交流和信息传递，实现彼此了解和相互协调的过程。在组织机构内部，由于分工、部门专业化而形成多个部门。部门对于组织，如同生命体的各个器官对于生命有机体一样，有机体的正常运行，要求各器官相互协调配合，组织整体的正常运行也要求各部门之间具备协调机制。要协调必须沟通，没有沟通就没有协调。组织结构功能的大小，在很大程度上取决于它能否及时地获得信息、能否获得足够的信息以及能否及时地利用信息，所以必须建立一个完整、畅通、清晰、高效的信息沟通体系。

（二）管理体制

在某些情况下，管理体制会对组织形成很大的制约力，不同的管理体制会对组织结构形成不同的要求。以前我国文化单位以行政手段为主的管理体制，强调企业组织结构与政府行政组织结构的上下对口，这极易带来机构臃肿、部门重叠、人浮于事、效率低下等弊端，造成管理成本高和市场适应能力差。随着市场经济体制的建立和完善以及文化机构的改革，文化企业将逐步成为独立的经济组织，并拥有组织结构设置和调整的自主权，其组织设计将面向市场，以提高效率为目标。

（三）经营战略

组织结构是实现企业目标的手段，而目标是在组织战略指导下制定的，因此，企业组织结构要遵循企业的经营战略，并根据企业经营战略的调整而及时调整。在组织发展的初始阶段，应将扩大组织规模作为战略重点。因此，这一阶段的组织结构不必追求系统性和完整性。在地区开拓阶段，需要设立多个职能部门，以保证生产的协调性、标准性和专业性；在纵向发展阶段，需要扩展组织功能，提高组织效率；在产品多样化阶段，一般要对组织结构做出重大调整，即将集权制结构转变为分权制结构。总之，组织结构的设计要根据企业的经营战略不断做出调整。

（四）技术特点

技术类型和组织结构存在明显的相关性。技术的复杂程度决定着组织的分工和作业的专业化程度，决定着部门规模的大小及其构成，管理层多少、管理幅度大小、管理人员比例、技术人员比例、生产经营活动特点等一系列因素，使得组织结构方面存在很大的差异。技术的复杂程度越高，组织的纵向层次数目就越多，越是常规性技术，结构就越标准化。从技术的稳定性看，对于较小变革、比较稳定的技术，宜采用机械式组织结构形态，组织内部的关系以垂直的上下级等级关系为主；对于多变、不稳定的技术来说，具有较强适应性的有机式组织结构最有效，因为它具有更大的开放性和灵活性。

（五）企业规模

组织的规模对结构具有很明显的影响作用。一般来讲，大型文化企业比小型文化企业的专业化程度更高，但随着企业的发展壮大，集权和分权、危机的控制、各部门的协调、信息的传播、创新决策的制定等问题变得日益复杂，需要设置许多分担管理职能的机构，需要的组织结构也就相应地变得复杂。企业规模小，管理工作量就小，为管理服务的组织结构也相对简单。大型文化企业宜选择事业部或矩阵结构，中小文化企业宜选择直线职能制或分部制结构，企业的组织结构因规模不同而不同，组织结构的规模和复杂性是随着企业规模的扩大而相应增长的。

（六）环境变化

文化企业作为一个与外界保持密切联系的开放系统，需要不断地与外部环境发生关系。因此，其管理组织也不可避免地要受各种环境的影响，环境改变了，企业组织也要相应地调整。一般来讲，如果企业面临的环境是稳定的，对生产经营的影响不大，则可以把管理权较多地集中在企业领导者手里，机械式结构运作效率最高。当企业面临的环境复杂多变，有较大的不确定性时，就要求在划分权力时给中下层管理人员较多的经营和随机处理权，以增强企业对环境变化的适应能力，有机式结构则运作最有效。目前，随着经济的全球化，产品的快速创新，机械式组织越来越不适应这种变化较快的环境，企业再造、虚拟组织、网络组织等新的组织形式不断出现。

四、组织设计的基本问题

通常的组织设计，是指组织结构的设计，涉及两个基本的问题：第一，组织的横向职能分工，即每个管理层次所涵盖的管理范围，或者指一名领导者直接领导的下属数量，通常又叫作管理的幅度；第二，纵向的决策权力分配，也就是从最高级的管理层级到最基层的管理层级的纵向分工关系，通常也叫作管理层级。在这个意义上，组织工作的任务主要是，明确所要进行的活动并加以分类，对为实现目标需进行的活动进行分组，把各个组分派给必要权力的管理人员来领导，制定协调组织的各项规定。

由此，也就形成了不同的划分组织活动的方法。最常用的划分方法是按照职能进行划分、按照地区进行划分或按照不同的目标顾客进行划分。在大公司中还盛行着矩阵结构和事业部制。有关这些部门的设计方法，在一般的管理学著作中都可以找到，这里不再赘述。

通常，管理工作的复杂度越高，需要投入的时间和精力就越多，管理跨度就会相应变窄，反之则变宽。管理工作的复杂度与下属人员的不确定性有关，如果下属的工作是创新性极强的研究工作，复杂多变，则上级的管理也就需要经常沟通、反复磋商，需要投入很大精力。如果下属的工作具有很大相似性，即使比较复杂，管理起来也不会太困难，管理跨度则可以适当加宽。

此外，领导者和下属的素质都会对管理跨度造成影响。素质越高，管理跨度就可以越大，反之则越小，这是很显然的。如果领导者精力充沛，工作能力很强，则管理跨度宽一些也能做得很好；同样，如果下属的素质比较高，能很好地领会领导的意图，那么这样的下属多几个也比较容易管理。

一般大型组织比小型组织具有更高的专业化程度，规则条例也更多，但这种关系并非线性的，规模对结构的影响强度是逐渐减弱的。小型组织不需要高度复杂的正规结构设计，往往采取一种更简单的结构。

五、文化企业组织设计的步骤

组织设计的目的在于让参与合作的人能够清楚地知晓自己在组织中的作用和职责，以及他们之间的相互关系，就像足球队队员和交响乐队队员。所谓的组织结构，诸如职能部门制、事业部制等模式，都是为了能够有效地实现这一目的的手段。不同的公司应根据自身的状况采取不同的组织设计，即使两个公司采用了同样的组织结构方式，表现也可能不同。

（一）确定组织的关键资源

对于文化企业，在组织设计方面，首先是要确定公司的关键资源。公司的关键资源决定了公司的核心竞争力，决定企业管理的主要对象。文化企业的关键资源主要为无形资产，因此对于这些无形资产的确认和评估成为组织的关键工作，包括对无形资产的性质确认、使用状况的评估和潜在价值的评价等。例如，一个网络游戏运营公司的关键资源可能并不是公司拥有的服务器、电脑、办公

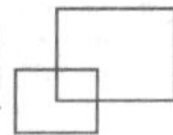

大楼等可见的物质资产，而是公司的运营模式、公司的游戏开发能力，而公司的运营模式就包括了公司与电信部门、网吧连锁经营单位的关系，公司游戏服务的网络架构和管理模式等等。对这些关键资源和能力的评估，包括对游戏开发人员的技能评估，对开发团队的绩效评估，对合作关系、模式的成本效益以及是否可以进一步优化的评估是网络游戏运营公司组织的关键工作。

（二）确定与关键资源相联系的组织活动

在确定关键资源的基础上，再确定与这些关键资源相联系的各项活动。组织设计是在明确公司管理对象的基础上，确定相关的组织活动并对这些活动加以控制。

文化企业这些活动可能并不局限于公司的内部，而是涉及广泛的外部关系，涉及企业内外的各种利益相关者。这些关系又是围绕着精神内容产品生产的价值链而展开的。如电影的拍摄，涉及文学原著作者、剧本编剧、政府电影管理审批机构、投资制片人、导演、演员、国内外发行公司、院线、DVD音像制作和销售等。这些个人和机构围绕着电影产业生产链形成了一个复杂的网络。公司治理实际上是如何围绕公司的关键资源并通过对这些资源的权力的配置构建公司组织和管理架构。

（三）对活动的分类

通过确立与关键资源相关的各项活动，进一步对这些活动的性质和关系加以分析，对这些活动之间的相互关系进行归类和分组。组织设计通过对这些活动关系的分析和分类，将不同类型但相互关联的活动按照一定的标准分配到不同的部门，在公司内部形成公司的组织架构，在公司外部形成公司内外关系和连接点，从而构建公司组织网络结构。在此基础上，可以进一步确定由此形成的公司内外的分工关系以及公司内部各个岗位的职责。

精神内容生产过程中需要企业内部价值链各环节人员的紧密配合，虽然文化创意工作本身受到创意人员的主观影响较大，但是可以通过对创意活动之间的相互关系和特征加以分类，将不同的创意活动分配给不同的人员，形成组织或者一个项目内部的分工合作关系。例如，在一部影视片的制作中，前后各个工序之间相关性是很大的，导演和监制要负责整个影片从拍摄到剪辑的全过程，他们可能同时参与多个环节，担当着项目管理者的角色，在好莱坞的电影工厂，参与生产的人员（导演、演员、监制、配音、编辑等）是一个完整的团队，各个环节之间根据分工关系和分工职能紧密合作。同样，在电影制片公司中，除了根据电影制作确定的制片、后期制作、剧务、财务、市场推广等部门关系外，还要与外部的发行公司、宣传媒体机构、银行、保险机构、律师事务所、外景基地等建立合作关系，架构一个完整的价值链条，保证电影能够像产品一样连续不断地、顺利地从这个生产线上生产出来，到达消费终端。

当然，文化企业的创意活动存在较大的主动性和弹性，精神内容产品的生产和普通物质产品不同，会根据精神内容产品的生产情况多次反复，不断根据现场和项目进展情况调整。而且，在组织架构方面也存在较大的弹性，此时公司的组织形式可能总体上看是职能部门，但是在某个具体项目上可能以签约的方式或者以团队的方式展开活动。在这种情况下，项目的经理就成为十分重要的角色（如影视片中的监制）。

（四）确定职责和建立信息沟通渠道

公司的关键资源往往与特定的人和组织相联系，因此在构建企业组织网络的过程中，要把网络中的每个节点与公司的岗位相联系，把每个节点与公司的生产价值链相联系，与控制着无形资产等关键资源的人相联系，并将组织活动交给相应的人员负责完成。在这个过程中，还存在着规划整个网络信息流的问题，也就是如何通过组织网络的设计，将隐性的、个人专有的信息转化为公司所能获得和监控的显性信息，实现公司对这些关键资源的有效控制。

例如，在电视剧组中或者一个演艺节目剧组中，需要对剧组的运行情况、节目编排和影片制作的情况、各项成本费用等进行及时的了解和监控，在电影制作中通常通过委派监制或者执行制片人的方式协调与导演的分工关系，同时，在财务方面还配备相应的财务人员及时地控制项目的进展情况，保持对项目的成本、费用、进度等相关信息的及时披露，一旦发生问题，可以及时地介入解决。

（五）动态的结构优化

文化企业从战略和产业链的衍生上考虑组织网络的动态结构优化的问题。文化产品的独特性和差异性决定了产品的竞争力，每个产品和项目都具有不同的产品特征，因此文化企业的组织结构存在较大的弹性，生产链条也具有高度的弹性，需要根据项目和产品的具体要求进行调整。例如，电影、电视剧拍摄中剧组人员的构成会根据影视片题材和投资规模的要求有所不同；会展节庆活动也会具有不同的内容结构和活动内容，在维持总体的流程和环节不变的前提下，会对场地、人员、外部的合作者等提出不同的要求。

同时，在运行过程中，组织会面临产业竞争环境和企业规模等方面的变化，需要对组织进行调整。例如，网络游戏公司的运营在初始阶段需要和电信运营商紧密合作，建立战略联盟关系，随着网络游戏玩家规模的不断扩大，对网络终端的控制能力和技术服务支持能力成为关键，需要根据网络终端的规模，在全国区域布局游戏服务器配置，甚至要把服务器放到连锁网吧终端，以保证游戏运行的稳定性和可靠性，此时需要对组织内机构分工、资源配备和外部合作关系进行调整。

此外，文化产品具有较强的产业衍生性，为了最大限度地开发企业的资源，实现价值的最大化，需要将精神内容产品衍生，形成各种衍生产品。精神内容特征不同，可以产生不同的文化衍生产品。而衍生产品的价值链是建立在核心产品的价值衍生网络基础上的，是一种动态的结构，它与公司的战略直接相关。例如影视产品的形象经许可可以衍生出玩具、服装、文具和日用百货等产品的生产和销售，以及影视明星的代言、广告和演艺活动等相关产品的开发，这些衍生产品进一步将文化企业的价值网络与其他行业的价值链连接起来。而这些产业间的产品衍生关系，通常都是一种松散的外部网络关系，通过合同和企业间的联盟合作进行，需要根据产品的知名度、内容的可移植性等因素确定不同的合作者，并通过不断对合作关系进行优化和调整加强对衍生产品的控制。例如，湖南三辰集团开发的蓝猫动画片系列，在发展初期主要发展目标是动画片的制作和销售，外部最主要的合作者是电视台，通过获取电视台的播出时间、通过内容策划和电视台的连续播出创建蓝猫品牌，通过品牌效应获取广告收入，这种商业模式进一步地衍生并发展成为遍布全国的蓝猫专卖店和蓝猫特许产品生产和销售网络。随着规模的扩张和产业的衍生，集团组织必然要考虑品牌产业衍生链条的设计，包括特许经营网络、专卖店直销网络和产品生产中心的建设。

六、文化企业的主要组织特征

鉴于文化企业生产活动的特征和企业的目标，文化企业组织设计的特征通常表现为以下几点。

（一）组织层次的扁平化

由于组织的关键资源是无形资产，这些资产的性质、使用状况和用途等信息为其控制者和实际接近这些资源的人所掌握，所以为了加强组织的控制，必须加快组织信息的流通，才能迅速地掌握和监控关键资源的相关信息，正确地制定有关决策。组织层级的扁平化是加快信息流动的有效方式。

组织的扁平化，要求组织从最高层到基层执行职能之间的层级减少，组织内部自下而上的信息传达与沟通速度将会随着层级的减少而加快，高层管理者能够更及时地了解到基层的运行情况及外部市场的变化。

在组织扁平化和权力中心下放的过程中，如何处理好集权和放权之间的平衡关系，是组织设计的关键。放权的优势在于使组织结构精简，但是同时提高了对经营者能力的要求。首先，扁平化使得每个层级的管理人员管理更多的活动，肩负更多的任务，更多的权力意味着更大的责任。所以在放权的同时，要注意所放权的对象是否有足够的能力承担相应的责任。其次，放权的同时需要加强对各个执行层次和环节的监控，也就是要加强组织内部层级之间的信息沟通，层级的减少虽然可以加快纵向层级间的信息流动，但是跨度的增加，使得管理者可能无暇处理过多的信息，权力的下放也赋予下属更大的自主权，此时如果不注意信息沟通，往往会让高层处于信息真空，会对组织失去控制，一旦组织执行部门有所偏误，就会造成巨大的甚至难以挽回的损失。所以，要抓住信息这根线，组织的风筝才会收放自如。

（二）职能之间的交叉

文化企业组织设计到组织内部结构和外部的合作关系，每个环节可能都会涉及多方面的合作和协调关系，各个部门之间存在着交叉关系。例如，游戏软件设计公司存在软件编程、人物形象设计、脚本编制和市场营销等方面的活动，在这些环节上，技术、形象艺术设计、文学内容设计和市场销售之间存在相互交叉关系，并不像传统企业那样存在着固定的前后顺序关系，也不像传统工业企业那样有着明显的流水线上前后分离的步骤和节拍关系，而需要在不同环节的活动之间保持紧密的合作和沟通。此时，不同职能之间的相互交叉和协调成为组织信息沟通和运转的关键。软件编程人员要与脚本编制者、形象设计者协调，才能够决定一个游戏构思或场景设计在技术上的实现方法以及不同技术路线的成本差异。同样，市场营销和调研人员必须将用户对人物、色彩、情节等偏好信息传达给脚本编制和形象设计人员。这种合作和沟通关系有时是通过项目经理协调实现的，有时是通过信息系统设计来实现的，有时则是通过各个职能部门之间组成委员会的方式实现的。不同的实现方式，是根据组织的本身人员结构、资源分布状况以及对市场响应的需要来决定的。例如，微软公司作为系统开发商，其项目团队由数以千计的人员共同组成，除了项目经理要对整个项目负责外，还需要营销经理的参与，公司通过建立一个神经网络系统平台来完成软件系统的开发。

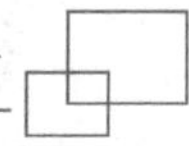

在职能交叉设计中，需要注意如何在促进沟通的同时，防止职能重复、低效率和浪费。不同职能之间的交叉，容易造成不同职能之间在工作分工上的冲突，容易造成职责不明、多头领导，这种问题特别容易出现在矩阵式组织之中，项目团队之中也会发生由于职责不明和资源配置冲突带来的低效率和职能重复的问题。

（三）网络组织

网络组织顾名思义就是一个呈网状的组织形态，是由多个独立的个人、部门组成的联合体，它的运行不是依靠传统的层级控制，而是在定义成员角色和各自任务的基础上，借助现代信息技术，通过密集的多边联系、互利和交互式的合作来完成共同追求的目标。

密集的多边联系和充分的合作是网络组织最主要的特点，而这正是其与传统企业组织形式的最大区别。

网络组织的形式有两方面优点。

第一个优点是网络组织的形式能够减少管理层级，促进企业的一般员工和高层管理人员的流动；能够突破部门之间的壁垒，使信息和知识能在水平方向上迅速传播。这样能够使企业成为扁平化的网状联合体，促进信息的流动，减少部门之间的冲突。

第二个优点是网络组织可以通过轻资产运行的方式，降低组织的成本和风险，实现组织的扩张。轻资产包括企业的经验、规范的流程管理、治理制度、各方面的关系资源、企业的品牌、人力资源、企业文化等。资本运营是经理人挂在口头的时髦词语，然而长期以来，企业注重的只是利用资金、实物等有形的资本进行运营扩张，效率甚低。把品牌资产、客户关系管理、供应链管理和金融工程整合为轻资产进行运营，则可以大大提高企业的运营效率。轻资产运营（Asset-light strategy）是国际著名管理咨询公司麦肯锡特别推崇的战略，是一种以轻资产撬动包括传统机器、设备、资金等重资产的经营方式。以轻资产运营模式扩张，与以自有资本经营相比，可以获得更强的赢利能力、更快的速度与持续的增长力。实践中通常可以将重资产业务外包或转让出去，如国际著名企业耐克公司自身只负责利润丰厚的产品设计及营销，而把利润微薄的加工环节外包，或者收购其他企业的部分股权，本企业输出品牌和管理，利用自己有限的资金盘活被收购企业的重资产。

（四）虚拟组织

虚拟组织是一种建立在网络之上的新的组织形式，它运用技术手段把人员、资产、创意动态地联系在一起。通俗地讲，虚拟组织指的是两个以上的独立实体为完成一个共同的任务在一定时间内结成的动态联盟。它是一种开放式的组织结构，可以没有固定的组织层级和内部命令系统，甚至也可以不具有法人资格，如一个剧组、个人工作室等。因此，它可以在拥有充分信息的条件下，从众多的组织中通过竞争招标或自由选择等方式精选出合作伙伴，迅速形成各专业领域中的独特优势，实现对外部资源的整合利用，从而以强大的成本优势和机动性，完成单个组织难以承担的市场功能，如产品开发、生产和销售。

与传统的组织相比，虚拟组织的人员构成由组织内转变为跨组织，工作方式由当面沟通变为虚拟沟通，管理方式由奖罚控制变为目标导向。借助网络与信息技术，不同企业部门的每一个员工可以和不同工作岗位、不同工作地点的员工以及管理者直接进行沟通。例如，软件的设计和大型咨询公司的咨询项目，可以在全球范围内选择合适的小组成员，共同组成项目小组，以项目目标为导向，通过互联网络进行沟通，将不同地区成员的工作最终汇总到一个项目数据中心，各地的研究人员也可以从数据中心获得相应的技术支持。有的项目甚至可以分时区不间断地工作，某一时区的小组成员依据自己的专业知识和工作任务，在工作时间内完成自己的程序编程或者咨询资料整理，下班后将结果传给其他时区的工作人员，此时其他时区的工作人员正值上班时间，他们会将工作继续下去。

（五）模块化

文化产品是精神内容产品，通过对内容产品的信息化处理，精神内容可以按照特定的要求进行组合。由此，可以将一定属性的精神内容固定为一个模块，形成不同的精神内容产品模块，根据不同的市场需求进行设计与组合。不同的精神内容模块，又可以被应用到不同的产品生产和销售中去。如软件设计、服装设计和工业设计等，可以把一些程序、组件模块化，根据客户的要求随时调用进行设计。

产品的模块化直接影响到组织的生产流程和组织结构的设计。一般来讲，传统的职能组织通过组织规则和组织规章为组织各功能单元活动的一致性提供保障。当今时代，社会环境快速变化，传统的组织结构呈现出刚性的特点。模块化组织是在响应顾客需求的总目标驱动下，迅速预测客户需求偏好和市场变化，对各功能模块重组。网络化和虚拟化的基础是将组织的各职能模块化，然后根据市场的需求进行组合的过程。例如，一个电影剧组，每个职能都可以建立起潜在的候选人员，可以针对一个特定的电影项目需要，对候选人员进行选择，将不同的人员进行组合，电影拍摄完之后，剧组就自然解散。当下一个任务发生时，又可以根据任务的能力需求，将不同的能力模块组织到一起。演艺活动也是如此，演艺节目内容产品本身就是整台演出的一个模块，可以形成固定的节目模块，而同一个节目模块又可以由不同的演员来演出。所以，演艺项目可以根据不同的演艺晚会和活动的内容需求，将不同的节目组合起来，并且将各类演员组合起来，形成项目团队。再如，在咨询和培训公司中，这种做法就更为普遍，可以将课程模块化，建立一个强大的师资库，根据客户的培训需求、成本利润目标等进行项目的设计。此时，公司组织设计就着重在市场营销、客户服务和模块设计几个方面进行功能协调和强化。

七、善用文化企业中的非正式组织

文化企业中存在大量的非正式群体。非正式组织，也称为组织中的小团体，是组织成员在共同工作的过程中由于抱有共同的社会感情而形成的非正式团体。这种组织的产生，是基于人们之间彼此合得来，大家觉得言语、服装、行动等都非常随便而没有不自然的拘束，于是乐在其中。当然非正式组织的存在，可能还有其他因素，比如年龄、地位、能力、工作地点、志趣、嗜好以及利害相关等。

文化企业中通常存在着多元的文化，组织成员间由于不同的文化背景和偏好形成非正式的群体，这些群体广泛地存在于文化企业之中。非正式组织在管理上值得注意的问题有四个。

第一，抵制变革——非正式组织往往变成一种力量，刺激人们产生抵制革新的心理。

第二，滋生谣言——谣言在非正式组织中，极易牵强附会，以讹传讹，信以为真。

第三，阻碍努力——工作人员在工作上特别尽力时，必受到非正式组织中其他成员的排斥，使其不敢过分努力。

第四，操纵群众——有些人员居然成了非正式组织的领袖，常利用其地位，对群众施以压力从中操纵。

非正式组织虽有不良的作用，但管理者若能注意其存在且加以适当的利用，亦可产生以下优良效果。

第一，弥补不足——任意一个正式组织无论其政策与规章如何严密，总难巨细无遗，非正式组织可与正式组织相辅相成，弥补正式组织的不足。文化企业需要一种较为宽容的文化氛围，可以容纳不同的文化背景和观点，才能激发出创意。非正式组织通常是文化创意人员交流的重要方式。

第二，协助管理——正式组织若能得到非正式组织的支持，则可提高工作效率从而促进任务的完成。

第三，加强沟通——非正式组织可使员工在受到挫折或遭遇困难时，有一个发泄的通道，获得社会的安慰与满足。同时非正式组织也可以成为企业文化建设的重要手段，可以利用各种活动、业余俱乐部等来加强成员间的交流和理解。

第四，纠正管理——非正式组织可促使管理者对某些问题做合理的处置，产生制衡的作用。

第三节　文化企业的组织文化

一、企业文化的基本概念

与传统的制造业和非文化企业相比，文化企业的企业文化建设更加重要。文化企业的员工构成主要以文化人才、管理人才、技术人才等文化人才为主。这些文化人才生产的产品主要是精神内涵密集型和文化创意密集型的知识产品。文化人才一般喜欢标新立异，注重创新、追求民主和时尚。因此，在文化企业中形成文化氛围，将有自己的主见和追求创意的人才聚集在一起是一件不容易的事情。

企业文化是指企业长期形成的组织成员共有的价值观和经营实践。它包括精神文化、制度文化、行为文化、物质文化四个层次。企业文化不但为所有的成员所认同，而且，由于文化企业存在着广泛的对外合作关系，文化可以通过在文化企业合作网络中的扩散，被外部合作网络中的伙伴所认同，成为企业的一种标志、身份和定位。

企业文化的核心层也被称为企业精神文化。企业精神文化是相对于企业物质文化和行为文化来讲的，它是一种更高层次的文化现象，位于企业文化系统中的核心位置。具体来讲，企业精神文化，是指企业在生产经营过程中，受一定的社会文化背景、意识形态影响而长期形成的一种精神成果和文化观念。它包括企业精神、企业经营哲学、企业道德、企业价值观念、企业风貌等内容，是企业意识形态的总和。它是企业物质文化、行为文化的升华，是企业的上层建筑。

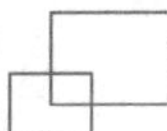

企业文化的制度层主要包括企业领导体制、企业组织机构和企业管理制度三个方面。企业领导体制的产生、发展、变化，是企业生产发展的必然结果，也是文化进步的产物。企业组织结构，是企业文化的载体，包括正式组织结构和非正式组织结构。

企业行为文化是指企业员工在生产经营、学习娱乐中产生的活动文化。它包括企业经营、教育宣传、人际关系活动、文娱体育活动中产生的文化现象。它是企业经营作风、精神面貌、人际关系的动态体现，也是企业精神、企业价值观的折射。从人员结构上划分，企业行为中又包括企业家的行为、企业模范人物的行为、企业员工的语言和行为等。

企业文化的物质层也叫企业的物质文化，它是由企业职工创造的产品和各种物质设施等构成的器物文化，是一种以物质形态为主要研究对象的表层企业文化。企业生产的产品和提供的服务是企业生产经营的成果，它是企业物质文化的首要内容。企业的生产工作环境、企业建筑风格、企业广告、产品包装与设计等，它们都是企业物质文化的主要内容。

二、文化企业的文化建设

文化企业提供产品的过程就是文化内容传播和服务提供的过程，文化企业的文化直接参与并影响企业的精神内容的生产和销售过程。

一个文化企业的经营哲学和价值取向直接决定了该文化企业对文化产品中精神内容的选取和文化产品生产方式的选择。旧社会的戏班子是一种适应当时文化市场需求的组织形式，戏班子中起决定作用的是台柱子和名角，这些人有的时候甚至是班主，由此也形成了围绕名角组织艺术生产的集权式领导方式。在现代文化企业中，文化产品通常包含了复杂的内容和技术要素，需要适应复杂多变的市场需求和激烈竞争环境，因此企业更加强调合作、团队，强调流程化和标准化的管理，通过这些核心理念来有效地降低风险和减少组织协调的成本。

文化企业的文化建设功能包括以下几点。

第一，对组织内部，需要使用组织的核心理念和价值观念对来自不同文化背景和有着不同追求目标的组织成员进行协调，鼓励组织的成员为组织的目标共同努力。不仅如此，文化建设影响到企业对员工的选取，员工能够将其价值观念体现在文化产品设计中，经典的美国大片中所包含的价值观是十分明显可见的，而影片的表现形式和手法又受到剧组的核心人物——导演和编剧的个人风格、偏好、文化价值观的影响。编剧和导演会把自己的观念和想法带到产品的生产中，因此制片人需要对电影的定位和价值取向进行协调和统一，此时剧本的打磨、导演和演员的选择就成为影片成功的关键。再如，软件游戏设计游戏软件脚本就是游戏的剧情内容，包括人物造型、故事情节、场景设计等。企业和项目团队的文化观念直接影响项目管理和设计人员文化审美情趣和设计的风格。

第二，能够协调不同组织之间的合作行为。文化产品的生产通常涉及大量组织间的合作关系。而物以类聚、人以群分的规律在这种合作关系中也起着很大的作用。价值观念对行为方式有决定作用，行为方式又对合作群体有决定作用。如在影视作品中，追求创新的导演一般不会选择陈旧的剧本或和自己的风格不相符的剧本。此外，投资者对于文化产品内容的选择也受到投资者口味的影响。艺术经纪人在选择艺术家和组织市场推广方面都会考虑到价值观念和审美情趣的一致性。

第三，文化建设中融入创新的要素，对文化企业尤为重要。文化产品的市场竞争非常激烈，由此导致文化产品的寿命周期不会太长，高附加值和短寿命周期常常是文化产品的特征。例如投资浩大的主题公园，其寿命周期通常在八至十年，像迪士尼这样的屈指可数。剧团和演员不能靠一部戏吃一辈子，文化产品的竞争力在于不断的创新。因此企业文化的建设中需要融入创新要素，这样企业文化才能对企业创新能力的积累起到极大的推动作用。

第四，企业文化可以有效地协调创新和团队协作的关系。艺术家为了追求创新往往要标新立异，与众不同。而企业作为一个组织，讲的是团队作战，可以通过企业文化突出创新和团队精神，建立学习型的组织，从而将个人创新追求与组织生产的团队结构结合起来。

第四章 当代文化企业的经营管理

文化企业是文化产业的核心载体，直接承担着提升我国文化产业在全球的地位和竞争力的重要责任，推动着我国传统文化的产业化和国际化进程。文化企业既是一个追求利润最大化的行为主体，又是传承文化的物质载体，具有双重性质。随着经济全球化和市场经济的进一步完善，文化企业成了一个循环投入并转化为产出的组织，以追求利润最大化为目的，这不仅和社会主义文化的发展相统一，还将大大增强我国的文化软实力。本章主要从文化企业的经营管理角度展开论述。

第一节 文化企业的财务管理

一、财务管理的目标

财务管理是一项决策、规划和制约企业资金流动管理全过程的活动。它不仅是企业管理的核心，而且还具有和企业一致的目标。最近几年，关于企业财务管理目标还没有一个统一的表述，所以有必要结合我国当前国情分析企业财务管理的目标。

（一）利润最大化

所谓利润最大化目标，即通过管理企业的财务活动，不断增加企业的利润，从而实现利润的最大化。随着市场经济体制改革的不断深入，企业开始拥有了自主和独立的经济利益，人们开始意识到产值最大化的目标模式存在着太多的弊端。因此，企业的财务管理目标自然向利润最大化转变。然而，在企业的实践中，利润最大化目标的弊端也有很多，如利润是一个绝对值，没有考虑与投入资本之间的关系，这不能充分说明企业的经营效率水平，也不利于企业之间的相互比较。

（二）股东财富最大化

所谓股东财富最大化，即通过合理的财务管理带给股东最大化的财富。通常情况下那些较早进行市场化的国家的理财目标都是股东财富最大化。然而，股东财富最大化目标也存在一定的局限性，比如，不能有效激发广大员工的使命感，不能使企业形成良好的凝聚力，并且适用范围非常狭窄，只适用于公司制、股份制企业。

（三）企业价值最大化

所谓企业价值最大化，即基于合理的财务管理之上采用的一项财务政策，不仅考虑了企业货币价值与报酬之间的关系，而且也考虑了企业的长期稳定发展，同时能够最大化的实现企业的价值。企业价值最大化的优势主要有：没有在短期时间内盲目追求利润，充分考虑了报酬获得的时间和风险。在制定企业财务目标时，不仅要与企业财务活动的客观规律相适应，而且要与企业财务管理的实际相结合，使企业财务目标具有实用性和可操控性。衡量企业价值最大化应该从利益相关者出发。不仅要科学确定工资、利息、税收以及净利润等权数，而且要努力寻求加权和的最大值。由此可见，目前我国企业价值最大化的理财目标可以通过相关者的利益来衡量。

（四）经济效益最大化

经济效益，即企业产出与投入的比例。这是一个相较于利润更宽泛的概念，也就是用一定的资源收获最大化的经济效益，另外，还需要借助一定的经济指标。除此之外，不仅很难制约经济效益，而且也很难实现责任的分解和落实。

（五）企业经济增加值最大化

所谓企业经济增加值最大化目标，即企业通过合理经营财务，优化财务政策，考虑风险报酬和货币时间价值的关系，追求企业经济增加值的最大化，以确保企业的长期稳定发展。在实践过程中，企业经济增加值最大化目标是很容易实施的，然而几个简单的数量指标是不能反映财务管理目标的综合性和统一性的，也难以反映企业利益相关者的利益。

通过对比分析以上几个财务管理目标，我们可以看出，我国应该更加重视协调各方利益，制定科学财务管理目标并明确其科学合理的使用范围，促进各企业共同发展与繁荣。

二、企业财务管理的环境

企业的财务活动和财务管理受到企业内外各种条件的影响。按照其存在的空间，可以将企业财务管理的环境分为两种，分别是内部理财环境和外部理财环境。企业内部理财环境存在于企业内部，是企业可以通过采取一定的措施加以控制和改变的因素，主要包括企业资本实力、生产技术条件、经营管理水平和员工素质等；因为企业外部理财环境存在于企业外部，所以企业的财务决策很难对它们进行改变，因此只能适应企业外部理财环境的变化。企业外部的理财环境涉及的范围相当广泛，其中经济、法律和金融环境最为重要。

（一）经济环境

1. 经济周期

市场经济的运行有其内在的规律。不论一个国家的经济管理水平有多高，也不论人们采取什么样的控制手段，经济不可避免地会呈现出繁荣、衰退、萧条、复苏再到繁荣的周期性特征。我国的经济发展与运行呈现出特有的特征，经历过若干次投资膨胀、生产高涨到控制投资、紧缩银根后正常发展的过程。经济的周期性波动严重影响着企业的财务管理。在不同的经济周期，对财务管理提出了不同的要求。例如，在萧条阶段，由于宏观经济整体衰退，企业在十分紧缩的状态之下很难增加产量和销量，也相应地减少了投资；在经济繁荣的状态之下，由于市场具有较大的需求，所以企业极大地增加了产品的销量，为了使自身的生产能力得到增强，企业需要增加更多的机械设备和劳动力，对于财务管理者来说，应该从企业的发展出发，积极、主动地筹集资金。

除此之外，企业的财务管理人员还要全面了解经济周期对企业财务管理的影响，并能准确预测经济的变化情况，研究不同时期的企业财务管理策略，从而能够在经济的发展变化中更好地进行财务管理。

2. 经济政策

所谓经济政策，即国家或政府制定的一项指导原则与措施，目的是更好地解决经济问题、改善社会福利，它是一项有意识的活动，主要是为了实现上述两个目的，其涉及内容也比较广泛，其中包括财政、税收、金融、价格等。总而言之，经济政策在一定程度上影响着企业的财务管理活动。例如，国家采取紧缩性货币政策以防止通货膨胀，贴现率上升，法定准备金率提高，在金融市场发行政府债券以回笼货币。上述这些措施不仅会减少市场的资金供应，而且会给企业的筹资带来困难，增加筹资成本。

对于企业的财务管理人员来说，应该研究不同经济政策可能给企业财务管理活动带来的影响，根据政策的指导，扬长避短，从而能够使经济政策更好地服务于企业的财务管理。

3. 经济发展水平

经济发展水平对企业的财务管理具有一定的影响，经济发展水平与财务管理水平呈现正相关的关系，也就是说，经济发展水平越高，财务管理水平也就越高；反之则相反。

目前，随着我国经济的迅猛发展，一些企业的生产规模在不断扩大，生产方向不断调整，市场空间不断扩大，这使得企业能够更好地拓展财务活动。随着经济的快速发展，企业往往会面临资金紧张的局面，这对企业的财务管理产生了不利影响。如今，我国的国际经济交往日益频繁，我国的企业在不断提高自身的财务管理水平，所以，对于企业财务管理工作者来说，应该探索与企业经济发展水平相适应的财务管理模式。

（二）法律环境

市场经济作为一种经济制度，法制性是其主要特征。每个经济活动参与者可以用法律规范自己参与经济活动的行为，维护自己的权益。法律不仅给企业提供了经营活动的空间，也给企业提供了法律上的保护。一般而言，税法、企业组织法规、财务法规和其他法规都是影响财务管理的主要法律法规。

1. 税法

根据征收对象的不同，可以将税分成以下几种，分别是流转税、所得税、资源税、财产税、行为目的税。

（1）流转税法

流转税法是对货物的流转额和劳务收入额征税的法律规范，与商品的生产、流通、消费密切相关，不受成本费用和利润多少的影响，易于发挥对经济的宏观调控作用。目前，流转税被世界各国，尤其是发展中国家重视和运用。

（2）所得税法

所得税法是对纳税人的各种所得征税的法律规范，主要包括企业所得税、个人所得税等。这些税法能够直接调节纳税人的收入水平，调整分配关系，并且还能公平税负。所得税目前已经被世界各国普遍运用，在市场经济发达和经济管理水平较高的国家更受重视。

（3）资源税法

资源税法是对纳税人开发利用各种应税资源征税的法律规范，主要包括资源税、耕地占用税、城镇土地使用税等。其特点是调节因自身资源或客观原因所形成的级差收入，将非经主观努力而形成的级差收入征为国家所有，避免资源浪费，保护和合理使用国家的自然资源。

（4）财产税法

财产税法是对纳税人财产的价值征税的法律规范，主要包括房产税、契税、遗产税等。其特点是避免利用财产投机和财产的闲置浪费，促进财产的节约和合理使用。

（5）行为目的税法

行为目的税法是对纳税人的某些特定行为以及为实现国家特定政策目的征税的法律规范，主要包括印花税、屠宰税、筵席税、固定资产投资方向调节税、城市维护建设税、车辆购置税等。其特点是可选择面较大，设置和废止相对灵活，可以因地制宜地制定具体征管办法，有利于国家对某些特定行为的引导。

纳税是每一个企业的法定义务。纳税不仅会增加企业的现金流出，而且还会影响企业的财务管理。一般情况下，企业都会希望在不违反税法的情况下适当减轻自身的税务负担，减税不能通过偷税漏税等违法行为来实现，只能通过精心筹划和安排投资、筹资和利润分配等财务决策。因此，财务管理人员必须精通税法。

2. 企业组织法规

必须依法设立企业组织，要依据不同的法律规范组建不同的企业。应该依法设立企业，并依法进行包括财务活动在内的一切活动，不能在法律允许的范围之外进行。

本书所探讨的财务管理，一般指的是公司的财务管理。《中华人民共和国公司法》（简称《公司法》）所称公司是指有限责任公司和股份有限公司。公司这一组织形式是西方大企业普遍采用的企业组织形式，也是我国建立现代企业制度过程中选择的企业组织形式。

3. 财务法规

（1）《企业财务通则》

我国现行的《企业财务通则》是由财政部制定的，它对建立资本金制度、固定资产的折旧、成本的开支范围、利润的分配等内容都做出了明确的规定。

（2）行业财务制度

行业财务制度是财务部按照《企业财务通则》的规定制定的与不同行业特点和管理要求相适应的一项行业规范，具体包括工业、运输、商品流通、邮电通信、金融保险、旅游和饮食服务、农业、对外经济合作、施工和房地产开发、电影电视和新闻出版十大行业财务制度。

4. 其他法规

除上述法规外，与企业财务管理有关的其他法规有《中华人民共和国证券法》《支付结算办法》《中华人民共和国合同法》等。企业财务管理人员应该熟悉这些法规，在守法的前提下进行财务活动，处理财务关系，以实现企业的财务管理目标。

（三）金融环境

企业的投资和经营始终需要资金，一般来讲，除自有资金之外，都是来自金融机构和金融市场。随着金融政策的不断变化，必然会对企业的筹资、投资和资金运营活动产生一定影响，由此可见，企业财务管理中的一项重要的环境因素可以说是金融环境。通常情况下金融环境主要包括金融市场和金融工具等。

1. 金融市场

金融市场可以是有形的市场，如银行、证券交易所等，也可以是无形的市场，如利用电脑、传真、电话等设施通过经纪人进行的资金融通活动。

金融市场按组织方式的不同可划分为两种：一是有组织的、集中的场内交易市场，即证券交易所，它是证券市场的主体和核心；二是非组织化的、分散的场外交易市场，它是证券交易所的必要补充。

（1）按期限分为短期金融市场和长期金融市场

短期金融市场，又称货币市场，是进行短期资金融通的市场，以期限在1年以内的金融工具为媒介。其主要特点有交易期限短、交易目的是满足短期资金周转的需要。

长期金融市场又称资本市场，是进行长期资金交易活动的市场，以期限在1年以上的金融工具为媒介。其主要特点有交易目的是满足长期投资性资金的供求需要，收益较高而流动性较差，资金借贷量大，价格变动幅度大。

（2）按证券交易的方式和次数分为初级市场和次级市场

初级市场指的是新发行债券的市场，也称一级市场或发行市场。我们可以将初级市场理解为新货市场。

次级市场指的是现有金融资产的交易场所，也称二级市场或流通市场。次级市场我们可以理解为旧货市场。

从企业财务管理角度来看，金融市场作为资金融通的场所，是企业向社会筹集资金必不可少的条件。财务管理人员必须熟悉金融市场的各种类型和管理规则，有效地利用金融市场来筹集资金和进行资本投资等活动。

2. 金融工具

金融工具是信用活动中产生的一种合法凭证，它可以证明债权与债务之间的关系，并以此为基础进行货币资金交易，并且对双方的义务和权利具有一定的法律效力。一般来讲，金融工具主要有四个基本特征，分别是流动性、收益性、期限性和风险性等。

金融工具按期限不同可分为货币市场工具和资本市场工具。前者主要有商业票据、回购协议等，后者主要是股票和债券。

三、会计要素及其确认与计量原则

（一）资产的定义及其确认条件

1. 资产的定义

（1）资产预期会给企业带来经济利益

即资产直接或间接导致现金和现金等价物流入企业的潜力。这种潜力不仅来自企业日常的生产经营活动，还来自非日常活动。

资产的重要特征在于能够带给企业一定的预期经济利益。例如，企业采购的原材料、购置的固定资产等能够用于生产经营过程制造商品或提供劳务，对外出售后进行货款的收回，货款就是企业获得的经济利益。如果某一项目预期不能带给企业一定的经济利益，那么其也就不能作为企业的资产。前期已经确认为资产的项目，如果不能再为企业带来经济利益的，也不能再确认为企业的资产。

（2）资产应为企业拥有或者控制的资源

资产是一种应该由企业拥有或控制的一种资源，通常指的是企业享有某项资源的所有权，或尽管不享有某项资源的所有权，但企业也能控制该资源。

企业享有资产的所有权，一般表明企业可以排他性地从资产中获取经济利益，一般在判断是否存在资产时，考虑的首要因素就是所有权。在有些情况下，尽管企业不能拥有资产，也就是企业并不享有其所有权，但企业对这些资产进行了控制，同样表明企业可以从资产中获取一定的经济利益，与会计上对资产的定义相符合。如果企业不能拥有和控制资产带来的经济利益，就不能确认其为企业的资产。

2. 资产的确认条件

（1）与该资源有关的经济利益很可能流入企业

资产的一个本质特征就是可以带来经济利益，然而在现实生活中，由于经济环境的千变万化，事实上，与资源有关的经济利益能否流入企业或能流入多少存在一定的不确定性。所以，资产的确认还应结合经济利益流入的不确定性程度。如果按照编制财务报表时所取得的证据，判断与资源有关的经济利益有极大可能流入企业，那么就应当确认其为资产；反之，则不能确认其为资产。

（2）该资源的成本或者价值能够可靠地计量

确认所有会计要素的重要前提在于可计量性，资产的确认也是这样。只有能够可靠地计量有关资源的成本或价值时，才能确认其为资产。在实务中，企业都需要付出一定的成本来取得更多的资产。

（二）负债的定义及其确认条件

1. 负债的定义

负债是指企业过去交易发生的、导致经济利益流出或事项所产生的当期债务，履行某些义务将导致企业经济效益的流失。将来发生的交易或者事项所形成的义务不属于现时义务的，不应当确认为负债。负债具有以下特点。

负债是指因过去事件而产生的流动负债。换句话说，过去发生的事这一原则在负债的定义中也非常重要，这是传统会计的一个显著特点。虽然现有的一些现象，特别是衍生金融工具的出现，对过去发生的事这一原则提出了挑战，但这一原则在实务中仍被普遍接受。

负债必须在将来用债权人可以接受的经济资源来偿还，这就是负债的意义所在。也就是说，负债的本质是以牺牲将来的资产为代价，而受到保护的一种法律义务。企业有可能通过承诺新的负债或将负债转换为所有者的权益来清偿现有负债，但这并不偏离负债的性质。在前一种情况下，债务的偿还时间只是被推迟，最终企业仍然需要用债权人可以接受的经济资源来偿还债务。后一种情况相当于企业用增加所有者权益的方式来获得的资产偿还现有的负债。

2. 负债的确认条件

（1）与该义务有关的经济利益很可能流出企业

负债的一个本质特征是预期会导致经济利益流出企业。在实务中，履行义务所需流出的经济利益存在一定的不确定性，特别是与推定义务相关的经济利益一般需依赖大量的估计。所以，负债的确认应当结合对经济利益流出的不确定性程度的判断，如果有证据表明，与现时义务有关的经济利益很可能流出企业，就应当确认其为负债；反之，如果企业承担了现时义务，然而造成企业经济利益流出的可能性很小，就不符合负债的确认条件，不应确认其为负债。

（2）未来流出的经济利益的金额能够可靠地计量

负债的确认在考虑经济利益流出企业的同时，应当能可靠地计量未来流出的经济利益的金额。对于与法定义务有关的经济利益流出金额，一般能够按照合同或法律规定的金额进行确定，考虑到经济利益流出的金额一般在未来期间，有时未来期间较长，计量有关金额时需考虑货币时间价值等因素的影响。对于与推定义务有关的经济利益流出金额，企业应当按照履行相关义务所需支出的最佳估计数进行估计，并且还要全面考虑有关货币时间价值、风险等因素影响。

（三）所有者权益的定义及其确认条件

1. 所有者权益的定义

所有者权益即企业除去负债后的剩余资产中所有者享有权益的部分。由于公司的类型不同，所以也称所有者权益为股东权益。

所有者权益的计算等于企业总资产减去总负债后所剩的余额。从本质上来说，所有者权益是企业吸取的投资者投资及其增值，也是企业进行经济活动的重要基础。

2. 所有者权益的来源构成

所有者的权益主要来自投资者的资本投入及其变化情况，具体来说，主要有以下几个来源。

一是实收资本，即投资者按照相应的合同对企业投入的实际资金，它是企业注册成立的一项基本条件，也是企业民事责任承担能力在经济上的保证。

二是资本公积，即企业所有者所共有的，其主要来自资本投资产生的溢价等利润变化情况，主要用于转增资本。

三是盈余公积，即企业根据相关法律在净利润中提取的部分收益。盈余公积主要有两种类型：一种是企业按照法律规定提取的，其被称为法定盈余公积；

另一种是企业在经过股东大会等相关机构的批准后提取的，被称为任意盈余公积。盈余公积的用途主要包括弥补公司的亏损或转增资本。

四是未分配利润，即企业尚未分配的，用于以后进行分配的，在净利润中扣除负债、盈余公积提取、利润分配等的剩余部分，属于留存收益。

3. 所有者权益的确认条件

所有者权益体现的是所有者在企业中的剩余权益，所以所有者权益的确认主要依赖其他会计要素，特别是资产和负债的确认；所有者权益金额的确定也在一定程度上决定了资产和负债的计量。

（四）收入的定义及其确认条件

1. 收入的定义

（1）收入是企业在日常活动中形成的

企业通过日常的生产活动增加所有者权益、与投资者无关的经济利益总流入称为收入。

（2）收入是与所有者投入资本无关的经济利益的总流入

收入应当会促使经济利益流入，从而促进资产的增加。例如，当企业进行商品的销售时，应当收到现金或有权在未来收到现金，才表明该交易与收入的定义相符合。然而在实务中，有时所有者投入资本的增加会促使经济利益的流入，不应将所有者投入资本的增加确认为收入，应该直接确认其为所有者权益。

（3）收入会造成所有者权益增加

与收入相关的经济利益的流入应当会增加所有者权益，不会造成所有者权益增加的经济利益的流入与收入的定义不相符，不应确认为收入。

2. 收入的来源构成

企业收入主要分为以下几方面。

①投资收益。投资收益是企业收入的净额。计算方法为：对外投资收益－投资损失＝净额。

②主营业务收入。主营业务是指企业在正常的生产营业活动中所获得的经济收益，又称为基本业务收入，如劳务收入和商品销售收入等。

③其他业务收入。其他业务收入是指通过企业非业务活动获得的经济收益，又称为附营业务收入，如出租包装、原材料的销售等。

3. 收入的确认条件

企业的收入来源具有很多种渠道，不同收入的来源具有不同的特征，而且通常在收入的确认条件上存在差异，如销售商品、让渡资产使用权等。通常来讲，收入只有在经济利益很可能流入从而造成企业资产增加或负债减少，而且能够可靠计量经济利益的流入额时才能进行确认。

（五）费用的定义及其确认条件

1. 费用的定义

（1）费用是企业在日常活动中形成的

费用必须是企业在日常活动中所形成的。日常活动所产生的费用一般包括销售成本、职工薪酬等。将费用界定为日常活动所形成的，其目的在于将其与损失进行区分，企业非日常活动所形成的经济利益的流出不能确认为费用，而应当计入损失。

（2）费用是与向所有者分配利润无关的经济利益的总流出

费用的发生应当会造成经济利益的流出，从而造成资产的减少或负债的增加。

（3）费用会导致所有者权益的减少

与费用相关的经济利益的流出应当会造成所有者权益的减少，不会造成所有者权益减少的经济利益的流出与费用的定义不相符合，不应确认为费用。

2. 费用的确认条件

费用的确认不仅应该与定义相符合，而且还应该严格满足一定的条件，即费用只有在经济利益很可能流出从而造成企业资产减少或者负债增加，且经济利益的流出额能够可靠计量时才能予以确认。

（六）利润的定义及其确认条件

1. 利润的定义

利润是指企业在一定会计期间的经营成果。一般而言，如果企业实现了利润，表明企业的所有者权益将增加；反之，如果企业发生亏损，则表明企业的所有者权益将减少。所以，利润通常是评价企业管理层业绩的一项重要指标，也是投资者等财务报告使用者进行决策时的重要参考。

2. 利润的确认条件

利润反映的是收入减去费用、利得减去损失后净额的概念。所以，利润的确认主要依赖于收入和费用以及利得和损失的确认，其金额的确定也主要取决于收入费用、利得和损失金额的计量。

四、文化企业的财务会计的特殊性

虽然不同行业的企业在会计科目上分类各具特色，但是基本上能够用上述体系进行计量和管理。文化企业虽然在管理内容上相同，但是因为其自身的投入资源、产品、资产、生产组织体系等方面特性的差别，使得文化企业的财务管理呈现不同的特征和侧重点。

（一）文化企业的业务过程特殊

从业务活动过程上来考察，有的文化企业的会计循环周期与现有的会计标准和原则有不相适应之处。很多文化企业业务活动过程是以一个个项目的方式展开的，业务过程以项目起始与终止的时间为循环周期，例如电影、演出、设计项目、体育赛事、会展项目等。

而且在一个项目周期中，业务活动所表现的价值变化与项目资金运动和项目的运作模式有密切关系，在整个周期内，价值变动呈现不均衡的现象。例如，一般的工业企业可以用半成品和存货价值来计算投入产出的转换关系，而在影视片拍摄中，先期的大量投资被当作费用和成本，成为沉没成本，其产出则是胶片上的内容，如果只是计算胶片的物质成本，现有的会计体系所采用的汇总方法将无法对资产的价值做出准确计算。此外，电影拍摄中的大量布景耗资很大，高的在上百万元，而一个场景用了几天拍完后，布景就全部撤出没用了，这样短的时间内，这么高的投入转化成的价值显然要超过胶片本身的价格，而这些都很难在现有会计体系中得到确认。

另外，模式不同，也会对现金流量产生影响。例如，有些影视片的生产、销售可能同时进行，甚至开机之前就已经在炒作和宣传，相关的销售费用已经发生，收入也可能在提前，比如开机之前就出售了版权，或者与电视台订立了购买合同。

因此，有的文化企业可能在上个会计期间发生大量的成本而没有发生收入，而在下个会计期间却发生大量销售收入，而有的可能正相反，虽然项目还没有投入，产品还没有生产，就已经有大量的版权销售和许可的收入。这种不均衡性，如果不在会计报表中反映，会计报表就失去了它的管理效能，企业就难以实现

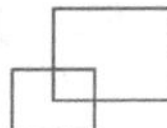

对其业务过程的及时监督、管理和控制。

（二）文化企业的关键资源是无形资产

文化企业不同于工业企业和零售业，文化企业的主要产品为精神内容，对于可复制性较强的文化产品，如光碟、电影拷贝，这些产品的成本集中在内容的创造阶段，而不在内容复制过程，因为精神内容的复制成本比它的创造成本低得多。对于难以复制的文化产品，例如，歌舞、戏剧等，这类产品一般没有存货。所以一般文化企业可以根据市场的需求确定复制量的多少，文化企业的存货相对较少，存货占用的资金量较小，而主要的资产是版权、精神内容的原创母本、歌舞演员的人力资本等无形资产以及大型的剧院和设备等固定资产。

文化企业主要关键资产是无形资产，对于无形资产的管理是文化企业财务管理的核心内容。文化企业的核心资源是专业文化人才、管理人员和专业技术人员的人力资本、企业拥有的独特的精神内容创作品和作品版权等等。

（三）文化企业所面临的市场风险较大

文化企业的产品是无形的精神内容产品，受到市场不可测因素的影响较大，例如，人们的主观评价、时尚的变化等，风险较大，由此形成了文化企业的现金流在这个产品生命周期中不均衡的现象。

而且不同的文化产品和不同的文化企业之间存在不同的赢利模式，在现金流、应收应付账款的管理方面具有差异性。例如，一部电视剧的拍摄，前期要投入大量的拍摄成本、宣传成本、演员工资等费用，这些都是沉没成本，电视剧的收入和盈利的产生需要通过与各个电视台签订销售合同才可以实现，而市场需求和消费者偏好的不确定性无疑增加了这种生产模式的风险。所以电影投资人可能在拍摄初期就出售海外的版权，并通过广告赞助的方式，获取先期的现金流。再如，网络游戏产品的先期开发要投入大量成本，经过测试再正式运行，期间的风险极大。

在成本费用的发生方面，文化企业具有较大的弹性。工业企业的生产是流水线式的，生产具有很强的节拍性和规律性。而文化企业的产品生产虽然具有分工和流程化的趋势，但是文化产品毕竟是软性的无形产品，即使好莱坞电影工厂在影视片的拍摄过程中，也会面临片段的重新拍摄与不断修改调整的过程，更不用说类似设计、会展、演出、体育赛事、网络游戏等这些互动性很强的项目。这些产品的生产受到诸如客户需求变化、天气、场地、交通、文化环境、工程施工延误、软件测试失败等多方面因素的干扰，致使额外的成本和费用发生与整个生产和销售环节延迟、脱节。因此，在文化企业对产品项目的管理中，成本、项目周期的管理对风险的控制至关重要。

五、文化企业经营者应了解的财务管理知识

（一）财务人员岗位设置

企业规模大小不同，设置不同。一般小企业是会计和出纳。一般来说，会计管账不管钱，出纳管钱不管账（必须记现金、银行存款日记账并且与会计账相符）。出纳管理货币资金（现金、银行存款），会计管理所有的账务。但出纳服从会计管理。小企业都有一个仓库管理员，进出库、库存业务要服从会计管理，进出库事宜服从生产管理。总之，会计机构根据规模大小设置人数，工作范围能起到相互制约、相互牵制、相互监督的作用，以避免财会人员犯错误给企业带来不必要的经济损失。

企业会计的岗位设置要结合企业的实际情况来定，最简单的只需设置会计和出纳两个岗位即可，大单位则会设置很多，比如下面的财务人员岗位及工作职责任务。

1. 成本会计

①整理并归集和分配各项费用。
②做记账凭证并登账。
③月末核算费用。
④对各项费用的指标考核结果进行统计，并上报经理。

2. 管理会计

①按照成本构成和历史发生情况以及计划指标进行比较。
②成本分析报告。

3. 固定资产会计

①负责每月提取折旧。
②负责登记固定资产报废、清理的账务。
③新购入固定资产的入账。
④年终汇总。

4. 总账会计

①汇总总账，进行试算平衡。

②与明细账的核对。

5. 采购及应付款会计

①接收原材料入库单、销售发票，核算并审核付款清单和各种应付账款，并且还要审核各项记录。

②审核各业务部门转交的发票及单据。

③登账，记账。

6. 销售及应收款会计

①核算各销售客户应收账款和记录。

②凭发票登记，记账。

③定期与销售人员进行销售明细的核算，并对汇款进行监督。

7. 档案管理

整理和装订财务档案。

（二）财务报表

会计工作主要是归纳和整理企业杂乱的会计数据，加工编制成有用的财务信息系统。

当公司领导开会时，通过会计语言能够对企业的管理加以研究。会计语言是企业通用的语言，在企业内部各部门之间是通用的，在一个国家里也是通用的，甚至在国际上也是通用的。当企业和另外一家企业打交道时，要借助于会计语言；当企业和银行打交道时，也要使用会计语言；当企业和政府业打交道时，同样要使用会计语言。

如果把会计当成一种语言来看待，这种语言到底要描述什么呢？会计语言所描述的内容，即用货币表现出来的经济活动。

1. 会计是企业的语言

语言是由语言要素、语言规则和会计报表组成。

（1）会计语言要素第一组词

资产、负债、所有者权益。它们提供的是企业财务状况的时点数，就是给企业经营活动做快照。资产分类：流动资产（货币资金、短期投资、应收账款、预付账款、存货、待摊费用）、长期投资、固定资产净值和无形资产。

负债就是公司欠别人钱。负债的分类：流动负债（短期借款、应付账款、预收账款其他应付款）、长期负债。

所有者权益又叫净资产，就是属于自己的钱。所有者权益的分类：实收资本、盈余公积、未分配利润。

恒等式：资产 = 负债 + 所有者权益。

（2）会计语言要素第二组词

收入、费用、利润。它们提供的是企业财务状况的期间数，就是给企业做录像，记录企业在一段时间内企业经营过程。

恒等式：利润 = 收入 – 费用。

（3）会计报表组成

①会计报表（主表）：资产负债表、利润表（损益表）、现金流量表。

②会计报表附注。

③财务情况说明书。

2. 资产负债表及其作用

企业对外提供的主要会计报表包括资产负债表，它的作用是反映企业在某一特定日期该企业财务状况的会计报表，是企业经营活动的静态体现，主要提供相关企业财务状况方面的信息。

3. 利润表的作用及格式

利润表是非静态报表，它的作用是用来反映企业在一定时间内的经营成果的报表。企业经营的最终目的是用有限的投资来获取最大利润。利润表是企业经营过程中的重要辅助工具。

（1）利润表的作用

利润表的作用表现为以下几个方面。

①评价和预测企业的经营成果和获利能力，为投资决策提供依据。根据利润表所提供的经营成果信息，股东和管理部门可评价和预测企业的获利能力，对是否投资或追加投资、投向何处、投资多少等做出决策。

②评价和预测企业的偿债能力，为筹资决策提供依据。偿债能力指企业以资产清偿债务的能力。企业的偿债能力不仅取决于资产的流动性和资产结构，也取决于获利能力。获利能力不强甚至亏损的企业，通常其偿债能力不会很强。

债权人通过分析和比较利润表的有关信息，可以评价和预测企业的偿债能力尤其是长期偿债能力，对是否继续向企业提供信贷做出决策。

财务部门通过分析和比较利润表的有关信息和偿债能力可以对筹资的方案和资本结构以及财务杠杆的运用做出决策。

③企业管理人员可根据利润表显示的经营成果做出经营决策。企业管理

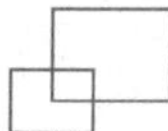

人员比较和分析利润表中的各种构成因素，可以了解各项收入、成本费用与收益之间的消长趋势，发现工作中存在的问题，做出合理的经营决策，并对管理人员的绩效进行评价和考核。董事会和股东从利润表所反映的收入、成本费用与收益的信息可以评价管理层的业绩，据此做出合理的考核和奖励管理人员的决策。

（2）利润表的形式

利润表主要有单步式和多步式两种形式。

单步式是将收入全部列示在上方，费用全部列示在下方，两者的差额就是经营净利润。多步式则依据经营活动的性质，逐步列示每一阶段的经营成果。根据我国会计制度规定，企业经营应当采用多步式利润表。

4. 现金流量表及其作用

一般来讲，现金流量表主要是指企业在一定会计期间的现金和现金等价物流入、流出的相关会计报表，同利润表一样属于动态报表。

现金流量表的作用如下。

①反映企业的现金流量，评价企业未来产生现金净流量的能力。

②评价企业偿还债务、支付投资利润的能力，并能够评价企业的财务状况。

③分析净收益和现金流量间的差异，并解释产生差异的原因。

④通过分析现金投资与融资、非现金投资与融资，从而能够全面了解企业的财务情况。

第二节　文化企业的人力资源管理

一、文化企业人力资源管理的基本特征

（一）人力资源管理的基本概念

所谓人力资源，即在一定范围内的人口中具有劳动能力的总人数，包括人的一种生产能力，其资源通过劳动者的数量与质量来加以表现。

1. 人力资源与人口资源、劳动力资源及人才资源

人口资源不仅是一个数量上的概念，而且也是一个基本的底数，是一个国家或地区的总人口。劳动力资源是指一个国家在一定时期内，全社会拥有的在劳动年龄范围内、具有劳动能力的人口总数，是进入法定劳动年龄范围的具有

劳动能力的人口资源的一部分。所谓人才资源，即一个国家或地区具有较强的管理、科研、创造能力的总人口，它是注重人的素质的劳动力资源。

2. 人力资源与人力资本

所谓人力资本，即人们在劳动力市场上以某种代价获得的能力或技能。人力资源在一定程度上延伸和深化了人力资本的内涵。人力资源理论的核心内容和基本部分即人力资本理论，核算人力资源经济活动及其收益也是以人力资本理论为基础的。由于它们具有相同的理论渊源和研究对象等，因此，往往被人们一并提及。

从本质上来讲，人力资源是不同于人力资本的，通常表现在以下两个方面。

一方面，二者具有不同的看问题的角度。所谓人力资本，即以资本的形式在人体内形成的一种投资，具有一定的人力资源存量，注重获得的能力或技能价值的大小，这种投资代价能够在生产力提高的同时产生更大的回报。所谓人力资源，即通过开发形成的一种生产要素形式，具有一定的体力、智力和技能，重视生产过程中的生产和创造能力。

另一方面，二者具有不同的分析问题的内容。人力资本注重投资成本及其回报，充分考虑了投资成本所能收获的价值，一般来讲，人力资本理论主要侧重研究人力开发的经济分析和人力投入产出。人力资源理论不仅包括分析人力投资的效益，而且还研究人力资源作为生产要素时的形式和规律。由此可见，人力资源理论具有更加丰富和广泛的内涵。

3. 人力资源管理的含义

当今社会，人力资源已经成了最重要的一项资源，同时这一资源也非常具有竞争力，所以我们有必要科学有效地开发和管理人力资源。人力资源的重要组成部分之一就是人力资源管理，即通过现代化科学方法的运用，结合一定的物力，合理培训、指导和调配人力，使二者实现最优比例，同时还要恰当引导和控制人的思想、心理和行为，使人的主观能动性能够充分发挥出来，从而达到组织目标。

一般来讲，可以将人力资源的管理分成对质的管理和对量的管理，质的管理，即通过现代化的管理方法，有效管理人的思想、心理和行为，充分发挥人们的主观能动性，从而更好地实现组织目标。量的管理，即按照人力和物力在生产过程中的比例和变化，适当地培训、组织和协调人力资源，实现人力与物力的有机结合，从而充分发挥他们的最佳效用。

4. 人力资源管理的内容

（1）招募聘用员工

根据人力资源分析和规划来确定组织人力需求，按照一定的组织程序和评估方法，为相应的工作岗位招募和选聘员工。

（2）绩效考核

根据人力资源规划对岗位职责和能力的要求，考核员工的工作情况和能力发展情况，将考核结果作为人力资源奖惩和员工能力培养的参考。

（3）薪酬体系设计

根据岗位职责要求、承担的风险和对组织贡献的大小等，设计组织的等级薪酬体系，使薪酬体系能够有效地激励员工按照组织预定的目标完成工作。

（4）处理员工与劳资关系

处理员工的劳资关系，处理组织内部的各种员工关系，营造良好的工作环境。

上述这些，是人力资源的常规性的工作内容。然而人力资源中的这些工作目标，是为了能够把人组织起来，将员工的能力发挥出来，协同一致地完成企业的目标。因此，人力资源的工作不是机械式的重复性工作，而是以组织的核心价值观和理念为核心、以组织的战略目标为己任、以组织成员为管理对象的复杂工作。人力资源通过对员工的态度和价值观发挥积极的作用，树立和维护组织的核心思想。因此，人力资源管理的关注点是组织以及对它的变革管理。

在日趋激烈的市场竞争中，企业竞争力越来越依靠组织的人力资本和组织对人与资源的整合能力，一方面特殊人力资源不能随意从市场上获得，另一方面，技术、资金和物质资源只能保证企业具有参与市场竞争的资格，但是并不能保证企业能够获得竞争优势或者持久性的竞争力。企业需要得到拥有运用、整合和创造组织能力的人才的支持，需要将员工的才能与组织的资源结合起来，转化为组织的不可替代的能力。人力资源管理实践可以通过员工招聘、选拔、评估、培训及奖励等对组织的核心思想和企业文化产生作用。所以从这个角度来看，人力资源的本质是对组织文化和人的大脑（观念）的改造，因为只有组织化的、符合企业战略的目标成为企业所配置的人力资源，才能为企业核心能力的构筑和企业的持续发展做出贡献。员工独特的价值观、核心专长与技能要在对企业文化、理念和目标认同的基础上，与企业经营管理模式相匹配和融合，才能具有高度的系统性和一体化特征。只有这样，才能够保证竞争对手难以准确地识别，更难以进行简单的模仿。这是企业持续发展的重要保障。

（二）人力资源是文化企业的核心资源

对于文化企业来说，企业的竞争力来自产品中所包含的创意人力资源，该资源是创意生产过程中的核心资源，是文化企业的核心资源。

第一，文化企业的核心产品是精神内容，这种精神内容体现为创意、版权、构思等等，都是人的创造性产物，是人力资源的物化。所以文化企业在市场中所生产和销售的文化产品是人力资源转化而来的，人力资源是文化企业最为重要的生产投入资源。

第二，文化产品中精神内容的可复制性很高，由此导致文化产品容易被仿制，而且复制的成本较低，例如音像制品、设计创意等。这在很大程度上影响了文化产品的生命周期。文化产品的超额利润一般较高，但寿命周期却较短。

第三，随着市场竞争的日益激烈，企业文化产品的替代性产品日益增加，企业需要不断创新产品，以保留老客户，并吸引新客户。由于文化产品的创新性越来越高，所以文化产品的复杂程度也就越来越高，而这种产品投资策略，也需要大量的专用性人力资源来支撑企业的核心资源。例如软件业中微软不断地推出新的系统版本，融入更多和更新的功能，提供更好的用户界面，其目的就是不断地巩固自身的竞争优势，锁定和套牢客户。而所有目标的实现，都是在大批被微软有效地组织起来的软件工程师和销售工程师努力下共同完成的。

综上所述，文化产业的核心资源是人力资源。随着金融市场的日益发达，物质生产能力的剩余问题日益严重，金融资源和物质资源已经不是稀缺性的资源，无形资产成为企业价值创造过程中的核心资源。文化企业是典型的以无形资产为核心的生产系统，而且尤其是以人力资源和能够将这些人力资源与其他资源结合的组织能力作为企业的核心竞争力。

（三）文化企业与文化机构人才结构的一般特征

1. 文化企业的人才结构

文化产业在人才结构方面，应该包含以下三类：管理人才、文化专业人才、技术人才。所谓文化专业人才，即签约歌手、签约作家等，这些文化专业人才从事文化产品和创意的生产。所谓文化管理人才，即从事文化生产组织的管理型人才，从事文化产业投资的人才和文化项目组织管理的人才，从事行政、财务、物流、营销等职能专业管理人才。所谓技术人才，即专业从事技术工作和从事技术性管理的人员。

2. 我国文化机构的人才结构

由于我国社会组织结构的独特性，文化产业中包含了文化事业单位和文化企业单位。文化事业由国家负担，专款专用，追求的是社会效益；而文化企业追求的则是利润最大化。在文化事业的传统机制中，人才结构主要由单一的文化专业人才构成。文化专业人才中有专门从事文化艺术创作和生产的纯文化艺术专业人才，这些人有文艺方面的专业特长，主要从事企业的文化产品生产和创作工作；另一类是不具备艺术特长，但是从事文化专业管理的人才，主要为一些行政管理人员；此外，还有少量技术人才。

文化事业在向文化企业转变的过程中，很多环节没有认识得足够清楚，仍然有待改进。由于计划经济体制下的文化事业单位依靠政府补贴度日，无需考虑生存和赢利问题，营销、投资和管理职能远不如文化企业单位，管理岗位成为安排闲置人员的闲职，由此造成大量文化专业人才改行从事管理工作。在改革过程中，这种人才配置状况仍然没有得到根本改变。

还有就是有的文化行业的产品价值链上各个环节分工不同，由于利益驱动，一些文化专业人员流向利益更高的环节，比如项目组织的人才。在中国，很多情况下，项目组织者仍然是专业人才出身。在中国电影产业的运作中，电影项目的核心本应该是制片人（Producer），制片人的职责是负责协调投资方、合理支配资金、处理日常大量的协调工作；而现实中，许多文化专业人才出身的演员、导演扮演着项目组织者的角色。文化专业人才不断往上游走，从演员到导演，从导演到制片人到出品人，造成文化专业人才从事非专业的文化投资和管理工作。

这种人才结构特征与中国文化体制有关，也与中国人的传统观念和经营方式有关。其本质是传统戏班的班主式组织和小作坊的组织运行方式，由此造成了项目组织者和作坊主的眼光都盯在产品层次，考虑的是如何将产品打造成人们喜好的产品、如何能够将产品销售出去，而缺少战略性的眼光，不是重视组织的发展和壮大，而是只满足于两三个人小团体的合作和个人的物质利益，也就决定了难以成为文化跨国航空母舰。

与之相比，国外文化产业组织项目的运作则分工十分明确，各专业分工之间协调运作，各司其职，从而能够建立起较为完善的市场运作机制。他们的眼光盯在如何将企业做大、如何在企业中引进各类拔尖的专业人才，通过人才结构优化和人力资源的整合，在建立产品优势的同时，建立起文化企业的品牌优势，通过做大企业来吸引更多的消费者和人才，推出更多的产品。例如，好莱坞（Hollywood）电影中心的电影巨头公司都有专业制片人负责电影运作，米高梅电影公司的首席执行官原为酒店总经理，时代华纳公司的首席执行官是律师出身。这样就容易造就大型的跨国文化集团。我们所熟知的是索尼、迪士尼、时代华纳等企业的名称和它们的产品，对企业家本人倒不是特别了解；反之在国内，我们大多知道的是几个名人和他们制作的文化产品的名字，对生产出这些文化产品的企业却知之甚少。可以说两种不同观念造就了不同的分工方式和生产方式，同时也造就了不同的人才结构特征，形成不同的产出效果。

因此，组织结构和人才结构的更新最重要的还是观念的更新，由于观念没有得到更新，中国才出现了文化企业与文化事业领域之间存在矛盾和冲突的奇特格局。

随着事业单位改革的深入，人才结构革新的方向将转向管理人才、文化专业人才、技术人才三者合理分工、比例协调的发展，尤其是要增加专业的投资和管理人才，专业的管理人才和技术人才应该在文化机构中占有重要的地位。当然管理人员不一定要对技术熟练掌握，但一定要熟悉相关技术的流程。

二、文化企业人力资源管理的基本要求

文化企业人力资源管理的根本目的是通过发掘组织人力资源，有效地增强企业员工的能力，增强企业的市场反应、组织学习、产品创新等方面的能力。由此形成对文化企业人力资源管理的如下基本要求。

（一）实行战略性人力资源管理

人力资源管理工作并不等同于日常的人事管理职能，人力资源管理是一项关系到企业战略实施的全局性的管理。企业的生产、营销财务可以相对独立地由某个部门开展，而人力资源工作则需要和所有的其他部门发生关系，人力资源管理已经大大超出了原先人事管理的范畴。

企业发展的基础发生变化，成功的企业已经从成本战略转向发展战略，不再依靠成本上的优势而是关注企业持续性的增长。在工业经济中，传统的制造业竞争是在不断降低生产成本的基础上获取企业的竞争优势，而在精神经济时代，这种成本优势很快就会被市场需求的变化和技术的更新化为泡影。企业需要在激烈动荡的市场竞争中，不断地制造差别。文化创意是文化产品市场所销售的最终产品。精神内容可能依附于物质媒介，如报纸、电影等，有时也可以通过直接的方式进行呈现，如表演艺术。

无论如何，这些产品中的精神内容主要来自创意，而创意不同于现有市场

上存在的文化产品，它本身就是一种创新，不仅是开发和挖掘人们的潜在需求，而且也是一种开发新产品和新市场的行为。

（二）人力资源管理以能力建设为中心

按照文化企业的发展需求，文化企业的人力资源管理不仅需要确定企业未来发展的要求，而且还要确定员工所需具备的能力，并在企业内部筹划这些能力的形成。这些看似平常的工作，实际上是为企业核心能力的可持续发展所进行的战略行动。

因为文化企业之间的竞争最终是企业综合实力的竞争，是员工整体竞争力的竞争。所以人力资源工作需要将个体的能力在企业层次上加以整合，使员工的能力结构化，也就是使员工的能力通过组织结构和岗位的设计相互协调和互补，并通过激励机制和薪酬结构，激发员工能力，并使之最大化地发挥，促进员工不断地成长。

（三）人力资源管理的开放性

员工的智力资本是文化企业的核心资源所在，这些资源并不为企业所拥有，而存在于员工的大脑中，员工和企业从形式上看是一种雇用关系，实际上，企业如果要对员工的知识和能力加以高效率应用，必须能够建立起良好的人力资源管理系统。

所以，文化企业赖以生存的关键性资源并不为企业完全控制，或取决于员工，或存在于企业之外。通常来讲，文化企业宝贵的人力资本与一些个人和团体相关联，只能利用某种方式去影响他们，去促进这些无形资源转化为可被企业直接或间接利用的资源。

因此，文化企业的人力资源工作面向的对象不仅有企业现有的员工，而且还包括合作伙伴、圈子里的同行等处于本企业之外的，可为企业所用的各类人力资源。例如，一个影视企业的人力资源管理者，他所管理的对象就不只是企业内部的员工，他需要及时地了解这个行业内有哪些出色的人才是企业当前和未来事业发展所需要的，有哪些导演、项目经理人、演艺明星可以为企业带来超额的回报，并且可能被企业未来的项目所聘用，或者与企业签约。有的影视公司还通过专门的星探在学校、酒吧甚至大街上，从茫茫人海中发掘有潜力的艺人。

第三节　文化企业的无形资产管理

一、文化企业无形资产管理的现状

（一）科技文化企业的无形资产流失严重

目前，我国一些拥有高科技产业的文化企业缺乏对其无形资产的科学管理。一些文化企业对其专有技术的保密程度不高，随意公开技术资料，随意让人观看生产工艺程序，拱手将企业的无形资产送给他人。一些文化企业没能很好地管理其专业技术人员，让其从事第二职业或充当他人的技术顾问，带走企业的无形资产。

（二）名优文化企业无形资产被随意侵占

在市场经济条件下，如果一个文化企业拥有消费者喜爱的名优产品，那么它就会有市场和效益。然而，由于目前侵权现象异常严重，导致很多名优文化企业投入大量人力、物力、财力研制的名优产品一经上市，就出现了一系列的假冒伪劣产品，欺骗消费者，并迅速占领市场。目前，街头小贩出售的很多商品都是假冒的名牌。这种严重的随意侵权现象导致真正名牌产品的名牌效应无从发挥，丧失了其应有的市场份额，对名优文化企业的经济效益和发展战略产生了严重的影响。

（三）无形资产的价值得不到真正的体现

文化企业利用专有技术、商誉等无形资产搞合作经营、对外投资是企业生存发展的一个重要途径，然而，在合作经营的过程中，有的文化企业不能正确计算和评估自身拥有的无形资产的价值，往往有低估企业无形资产的现象出现，导致无形资产的大量流失；还有一些文化企业没有严格把关其联营单位的产品质量，使市场中流入了一些劣质产品，给企业的商誉带来了严重的影响。

二、文化企业无形资产流失的主要原因

（一）对科研人员的管理不当

一个具备专业技术的企业，大多由技术人员掌握其技术性，有的企业不能科学地管理这些人员，任其从事第二职业或充当他人的技术顾问，并转移了企业的无形资产，从而在很大程度上削弱了文化企业的技术实力。

（二）对无形资产的核算不严

除商誉外，所有的无形资产都是能够单独计价的，可以像文化企业有形资产那样进行会计核算。然而，目前一些企业，尤其是一些小型的文化企业没有及时核算企业所拥有的无形资产，企业进行无形资产的转让和摊销时不正确计价或不及时入账，导致无形资产由于无账可查而有所流失。

（三）对无形资产的管理和保护起步较晚

根据相关资料记载，中世纪的欧洲最早提出了实施知识产权保护的法案，然而，20 世纪 80 年代初期，我国部分会计理论和实际工作者才开始涉足无形资产的研究领域，并提出了对无形资产进行开发、运用、管理、保护的问题。相比发达国家，我国对无形资产的管理水平、管理方法、管理措施比较滞后，也不具备完善的无形资产管理和保护的法律法规。

（四）对无形资产的管理和保护意识不强

由于我国很晚才进行无形资产的研究，所以人们不能很好地认识无形资产，并且文化企业管理和保护无形资产的意识淡薄，因此不能将无形资产作为企业有形资产进行管理和运用。一些具备影响力的文化公司不注册登记那些自己已经使用了多年的品牌，被别人抢先注册，从而导致商标注册案的发生，使那些对无形资产缺乏管理和保护意识的公司处于尴尬的境地。

三、文化企业无形资产的宏观管理与保护

（一）保护国内名优文化产品

随着社会经济的日益发展以及人民生活水平的提高，寻常百姓家逐渐开始出现一些名牌产品。然而，市场中的名牌产品的相关调查显示，大多是舶来品深入人心，很少有国内名牌产品。其主要原因是国内产品缺乏国际知名度并有严重的侵权现象。所以，国家有关管理部门应加强保护和发展国内的名优产品，鼓励国内文化企业打造名优品牌，坚决对假冒伪劣产品进行取缔，并依法对走私行为进行打击，进而在一定程度上对知识产权加以保护。

（二）进一步建立健全无形资产保护法

国家有关部门于 20 世纪 80 年代初先后出台了一批涉及无形资产管理和保护的法律法规，这在很大程度上有助于无形资产的管理和保护，然而，由于法

律法规不够完善，还不能与经济发展形势的要求相适应。所以，应当进一步建立完善无形资产保护法，坚决打击侵权行为，从法律上保护文化企业无形资产的安全。

（三）进一步完善无形资产的核算制度

1993 年，我国颁布的会计准则规定了无形资产的核算标准，然而，随着经济形势的不断发展、无形资产在文化企业地位的提高及全国性无形资产评估热潮的兴起，不断涌现出许多中介服务机构，原制度的有关规定已经无法满足现实的需要，而且会计界对无形资产核算的有关问题长期存在分歧。所以，非常有必要进一步对制度进行完善，督促企业加强对无形资产的核算，避免企业无形资产的流失。

（四）加强对无形资产评估机构的管理

随着对无形资产研究的日益深入，出现了各种各样的无形资产评估机构、中介机构。随着这类企业越来越多，管理散乱。一些企业的业务水平偏低，评估结果中存在许多人为因素，不具备公允性、可靠性，导致企业流失了大量无形资产。所以，国家有关部门应加强对评估机构的审批工作，打击非法的评估机构，加强对从业人员的培训和考核，坚持持证上岗，从而有利于进一步消除文化企业无形资产评估中的一切不利因素。

四、文化企业无形资产的微观管理与保护

（一）及时进行会计核算

无形资产管理和保护的一个重要途径在于加强对无形资产的核算。所以，文化企业应该及时处理无形资产的增减变动，有购入的无形资产，应按实际支付的价款增加企业无形资产的记录；应该及时注册登记企业开发的无形资产，并根据评估价入账。

（二）对员工进行保密性教育

企业无形资产的财务是文化企业拥有的专业技术，并在企业的生存发展中发挥着至关重要的作用。文化企业应教育员工正确处理国家、集体、个人三者之间的关系，并保护企业的无形资产。应该视情节的轻重或造成的损失程度依法对泄密行为给予处罚或法律制裁。

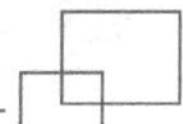

（三）加强对科研人员的管理

文化企业的科研人员掌握企业的大量技术资料和商业秘密，加强对他们的管理，其实就是加强对无形资产的管理。所以，企业不仅要对科研人员进行必要的教育，而且还要稳定科研队伍，不能随意调换科研人员，而且不应允许科研人员擅离岗位，应该明确规定外出兼职的科研人员哪些可以对外服务，哪些只能对内服务，从而有效防止企业无形资产的流失。

（四）设置专门机构进行管理

文化企业对其拥有的无形资产应设立专门机构，并配备专业的管理人员。应该归档保管专科技术，防止秘密泄露。应对市场有关商标权、商誉等的动态及时予以关注，并依法打击侵权行为，从而保护企业的合法权益。

（五）充分利用企业无形资产

无形资产作为一种特殊的资产，能够给文化企业带来长期的效益，企业应该对无形资产进行充分利用，对于在用的无形资产应该在产品中体现其价值，为企业创造更大的经济效益。应该开发闲置的无形资产，使其具有一定的使用价值，发挥科技的优势，将无形资产变为有形资产，从而为国家和企业创造更多的财富。

第五章　当代文化企业的战略管理

近几年，我国文化产业正在持续发生着变化，并在已有的基础上加快了发展速度，科学技术不断进步，消费者从对文化产品的趋同性需求向个性化、多样化需求转变，需求由低层次向中高层次转化，可谓机会与挑战并存。在这种环境下，文化企业之间的竞争加剧，企业资源整合和并购加速，数字文化企业数量和质量在文化企业整体中所占比例有较大幅度提升，平台企业进一步壮大，两极化将更加分明，这些现象的产生都与文化企业的经营战略有着密不可分的关系。

第一节　文化企业的经营战略

一、文化企业经营战略的定义

研究学者们将企业经营战略定义为，在市场经济的高度竞争环境下，企业面对激烈变化的环境、严峻挑战的竞争，在总结历史经验、调查局势和预测未来的基础上，为谋求生存和发展，做出的带有长远性、全局性的谋划。战略关系到的生存问题至关重要，其实质是外部环境、战略目标和企业实力之间关系的统一。企业经营战略最基本的作用就是让企业根据自身的经营环境，实现资源利用的最优化。

具体来说，文化企业经营战略是运用人的智慧，在符合和保证实现企业使命的前提下，充分利用环境中存在的各种机会并创造新机会，通过环境关系的梳理和定位，合理地调整企业结构和分配企业的各项资源，确定企业所要从事的业务范围、成长方向和竞争对策。

同时，文化企业经营战略是一种功利性较强的人类智能活动，它的活动基础是准确的市场数据的获取与分析整理，抓住文化市场在一定时间的发展规律，预测文化消费行情、近期走势，有针对性、有目的性地去满足社会的文化需求和审美需要，直接产生社会效益和经济效益，不断赢得市场，造就竞争优势，形成一定的核心能力。面对文化产业内容越来越凸显的趋势，内容与渠道的全产业链逐渐成为主流，数字信息技术和文化内容进一步融合，与资本相结合的商业模式的文化产业创新进一步发展。因此，广大文化企业的经营者在经营战略的选择上，应主要着眼于如何增强自身的核心竞争力。

二、文化企业经营战略的特征

（一）全局性

全局性是指，根据企业总体的发展而制定的，以企业的全局为对象来确定企业的总体目标，通过对企业各种资源的优化配置，发挥出企业的整体优势，最大限度地追求企业的总体效益。从这一点来看，如何发挥企业的整体效能至关重要。例如，网络企业研发新技术、新的网络平台、新的系统，如何推出适应市场需求的文化产品等问题，直接关系到企业命运，应站在全局的高度解决这些问题。

（二）纲领性

纲领性是指，企业总体的长远的目标、发展方向、经营重点、前进道路，以及基本的行动方针、重大措施和基本步骤。这些原则性的规定，具有行动纲领的意义，尤其是经营战略中的战略目标更是全体职工的奋斗纲领。这些战略目标、战略方针必须通过展开、分解和落实等过程，才能变为具体的行动计划。

（三）长远性

长远性是指，对企业未来一定时期生存和发展的统筹谋划，着眼于未来，谋求企业的长远利益，规定企业的奋斗目标，从而影响和决定未来较长的时期。要想使这些目标得以实现，最少花费三年，多则需要花费十年甚至十年以上。因此，文化企业要谋求长远的发展，就必须制定长远规划，并细化后分阶段实施。

（四）竞争性

竞争性又可称为抗争性，是指企业在激烈的竞争中为了壮大自己的实力与对手相抗衡的行动方略，使本企业获得市场、资源，占有相对优势。为了应对来自国内外各方面对手的冲击、挑战、压力和威胁，我们所制定的是迎接挑战

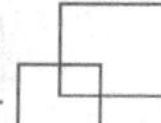

的行动方案，因此经营战略必须体现竞争性，扬长避短，取得优势地位，从而战胜对手保护自己。

（五）合作性

合作性是指，在竞争的基础上，在一定条件下实现与竞争对手的合作，通过竞争走向合作，共谋发展。例如，2012 年 3 月 12 日，优酷股份有限公司（优酷网）和土豆股份有限公司（土豆网）双方共同宣布于 2012 年 3 月 11 日签订最终协议，优酷和土豆将以 100% 换股的方式合并。2012 年 8 月 20 日，经营网络视频业务的优酷土豆股合并方案获批准通过，优酷土豆股份有限公司正式成立。优酷的美国存托凭证将继续在纽约证券交易所交易，而土豆网则退出股市。双方从以往实力相当的竞争对手变成了如今的亲兄弟，充分证明了企业之间不一定要拼个你死我活，各方可以联合起来，面对共同的市场，实现双赢。土豆网则从配合集团整体发展战略的角度出发，放弃一些目标人群和市场领域，以专注年轻人品牌区别于优酷，同时要与优酷作为一个整体去和市场上其他视频网站竞争。

（六）稳定性

稳定性是指，战略实施的环境即使有些变化，也是在预料之中的，那么企业经营战略中所确定的战略目标、战略方针、战略重点、战略步骤等应保持相对稳定。在处理某些具体问题时，也应该有相对的灵活性。

全球经济一体化，使市场竞争更加残酷，企业只有不断的变革创新，适应外部环境的变化，才能生存并获取竞争优势。2011—2012 年，在政策、资本、创新的推动下，中国的文化企业交出了一份又一份闪亮的答卷。比如，光线传媒、凤凰新媒体、凤凰出版传媒集团、人人网、易车网、浙报传媒、中文传媒、优酷网、土豆网等企业通过公司股票的首次公开发行（Initial Public Offering，IPO）或重组成功登陆资本市场；华策影视、盛大网络、华谊兄弟、腾讯、电广传媒、蓝色光标、顺网科技等上市企业纷纷展开并购，实现了外延式扩张。这些成绩单的背后均潜藏着文化企业对经营战略的大胆而又稳健的实践、探索和创新。

三、文化企业经营战略的内容

文化企业经营战略的内容一般包括六个部分：战略思想、战略目标、战略重点、战略方针、战略对策、战略阶段。

（一）战略思想

战略思想是经营战略制定和实施的基本指导思想，是企业经营管理者和员工在经营过程中发生的各种重大关系和重大问题的认识和态度，是贯穿战略管理始终的思维过程，关乎企业的长远发展。因其是企业制定和实施经营战略的基本思路和观念，所以被称为企业的导向性纲领，在进行战略部署和战略决策时起着统率和指导作用。

（二）战略目标

战略目标是指企业以战略思想为指导，根据对企业外部环境和自身实力的分析和研究，在一定时期内对经营活动取得的主要成果的期望值。它是企业经营战略的核心和实质，明确了企业在较长一段时期内的奋斗目标，是评价和选择经营战略方案的基本依据，指引全体员工有机统一的开展各项工作。例如，自土豆和优酷合并以来，一直受限于内容重叠度过高的困扰。2013 年 4 月，优酷土豆集团提出“优酷更优酷，土豆更土豆”的发展战略。土豆网鉴于其品牌定位于青春、个性、自主、有趣，制定了只专注于年轻人的品牌战略目标。

（三）战略重点

战略重点是指那些对于实现战略目标具有关键性作用项目、环节或部门，它是为了保证战略目标的实现而制定的，是实现战略目标的关键因素。企业资金、人力和技术投入都是战略重点，企业应集中主要资源，全力进行攻关，保证战略目标的实现。

（四）战略方针

战略方针是指企业为贯彻战略思想和实现战略目标所确定的基本准则、指导规范和行动方略，是企业从事经营活动的指南。

（五）战略对策

战略对策又称经营策略，是指为实现战略目标而采取的措施和手段，用来指导企业合理分配资源，它具有阶段性、针对性、灵活性、多重性的特点，从而支持和保证战略目标的实现。

（六）战略阶段

战略阶段是根据战略目标的要求，在规定的战略期内划分出的若干阶段。由于企业所面临的各种环境会发生变化，企业的发展阶段也会有所差别。战略

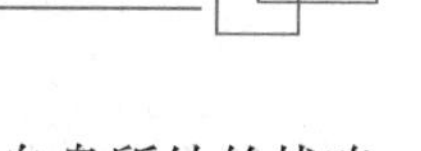

阶段的形成过程会有快有慢，因此要正确划分战略阶段和认清自身所处的战略阶段，做到稳扎稳打，步步为营。

四、文化企业经营战略的类型

文化企业经营战略由总体战略和职能战略两部分构成。总体战略是企业战略体系的主体，它奠定了企业战略体系的基础，起着规定企业的使命和目标、定义企业的价值、统率全局的作用；它决定了企业主要的业务范围和发展方向，确定需要获取的资源和资源转换的能力，保证企业各种业务层之间关系的协调和优化整合。该层次战略注重整体性与长期性，代表了企业未来的发展方向。

总体战略通常是由公司高层管理者在把握企业外部环境的变化和企业内部各种资源的全局后制定的，重点研究企业要怎样发展和企业应该怎样经营才能使企业利益达到最大化。

职能战略又称为职能支持战略，是按照总体战略对企业内各方面职能活动进行的落实和具体化。如研发战略、营销战略、投资战略、技术战略等，它服务于总体战略并受总体战略的制约，使总体战略更加具体，更加精确，描述了在执行战略过程中，企业中的每一个职能部门所采用的方法和手段。

五、文化企业经营战略的制定

（一）建立战略规划组织

文化企业的战略规划过程和步骤与其他的企业从本质上没有什么不同，文化企业的产品更多提供的是精神产品，相比传统企业更具灵活性的特点，容易借助新的机遇调整经营战略，因此在战略规划过程中，要考虑更多的变量。战略管理更复杂，需要相应的组织和人员保证，所以企业应设置专门从事战略规划的部门负责这项工作。以下几项是战略管理的主要任务。

①预测和研究企业经营环境的变化以及各种环境因素对企业经营的影响。

②研究企业经营目标，发现各种战略问题，并拟定出经营战略。

③评价企业提出的各项战略研究和评估各种可替代的战略方案，并根据环境的变化，适时进行经营战略目标的实现和过程的完善。

（二）制定科学战略规划

正确的战略规划需要经历科学的规划程序。概括来说，确定战略目标的主要程序是识别经营领域、环境资源分析、制定战略行动、得到目标成果。首先，要了解企业的主要经营领域。

那么，企业的主要经营领域主要由什么构成呢？通常情况下，市场和行业是构成经营领域的两大组成部分。

①我们需要先了解企业的具体行业以及所处市场的特征和环境。

②考虑企业在该领域要如何保持自身的优势，该企业的优势是什么，不足之处又是什么。

③找出差距后，制定适宜的战略方案。

④企业期望得到的目标结果便是战略的目标成果，它可能是公司在市场上所处的某种地位，也可能是公司效益的提高和规模的扩大等。

具体来说，经营战略制定的程序包括如下几个步骤：树立正确的战略思想、进行战略环境分析、确定战略宗旨、规定战略目标、划分战略阶段、明确战略重点、制定战略对策、战略规划平衡、进行可行性论证、审定批准战略规划、组织战略规划实施并在实战中检查修正。文化企业经营战略在制定过程中，各个程序之间要不断地进行反馈。

六、文化企业经营战略的实施

（一）建立战略实施组织机构

经营战略是否正确必须通过实施才能得到评价和验证，需要明确相应的责任并由相关的权力组织机构来实施，建立监控系统和评价系统，管理日常活动。同时，经营战略的组织机构必须具备三个基本条件：一是明确目标，二是授权合理，三是协调一致。

（二）经营战略的实施

首先，将战略的内容层层分解，可从两个方面进行。

①进行空间上的分解，即将战略方案按层次进行分解，制定出一系列实施性战略。空间上的分解有三层：第一层次是分解给高层管理人员，第二层次是分解给中层管理人员，第三层次是分解到基层岗位和个人。

②进行时间上的分解，即将企业战略规划的总目标按时间分解为各阶段目标。

其次，是要以战略目标为中心建立企业内部经济责任制，它遵循责、权、利相结合的基本原则，将各项管理工作围绕战略目标组织起来，形成一个整体。这项工作可以从两方面着手，即以企业战略为目标，形成责任制的动态责任系统和静态责任系统。动态责任，就是随着时间变化而变化的责任。静态责任，

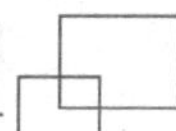

就是按照战略要求来设计和改革各项综合管理和专业管理，通过业务分解法，层层分解部门、岗位和个人。

（三）经营战略的控制

所谓战略的控制是指管理者将预定的目标或标准与经过反馈回来的实际成效进行比较，评价实施企业战略后的企业绩效，发现偏差，并采取措施进行纠正，使文化企业与当前所处的内外环境、企业目标协调一致。控制过程可分为三个步骤。

①确定企业绩效标准，评价工作成果的规范，作为战略控制的参照，用来确定能否达到战略目标和怎样达到战略目标。

②衡量成效，进行偏差分析与评估，将实施成果与预定目标或标准进行比较，找出两者之间的差距及其产生的原因。

③纠正偏差，保证企业战略的圆满实施。对于通过衡量成效时发现的问题，必须对其采取相应的纠正措施，才能真正达到战略控制的目的。

第二节 文化企业的职能战略

一、文化企业职能发展型战略

发展型战略又称进攻性战略、扩张型战略，即在企业现有战略的基础上，向更深、更高层面发展。从本质上说，追求发展是企业的本性，只有发展型战略才能持续扩大企业规模，使企业从竞争力弱小发展成为竞争力强大的企业，任何企业都要经历时间长短不一的增长型战略实施期。

发展型战略的主要特点是企业不断增加投资，不断研发新产品、新工艺和开拓新市场，管理模式上力求具有竞争优势，不断扩大产销规模，提高产品的市场占有率，引导企业去适应市场，通过创新去引导消费和创造消费。企业在面临竞争战略的选择时，主要考虑两个问题：一是为企业寻找或创造一个具有巨大发展潜力和规模的行业；二是为企业在行业内占据相对有利的市场地位。

目前在我国，如动漫游戏业、艺术品交易业、文化经纪业、信息网络业、艺术教育与培训均具有广阔的市场前景和巨大的发展空间，需要文化企业积极参与其中，以适应经济、社会发展的需要。

企业为获取相对的竞争优势，按发展的方式不同可以选择成本领先、差别化和重点集中三种战略。由于这三种战略具有应用的基础性和广泛性的特点，所以又被称为三种基本竞争战略。企业获得竞争优势，一般主要通过两个途径：一是在行业中成为成本最低的生产者，二是在产品和服务上形成与众不同的特色。

（一）差异化战略

差异化战略又称别具一格战略，是指企业提供与众不同的产品和服务，满足顾客的特殊需求，形成在全产业范围中具有独特性的竞争战略优势。如面对规模小、产业链不完整的文化企业，突出特色品牌，实行规模化经营和专业化协作，可使文化企业竞争能力增强。

差异化战略的核心是特色，可以在产品的外观设计、品牌形象、客户服务、促销手段各个方面赢得顾客忠诚度。这种特色使消费者对企业产品情有独钟，由此对产品价格的敏感度下降，愿意为其支付较高的价格。这样，企业可以抵御现有竞争者的攻击；由于产品独一无二的特点使其难以被替代，也使新进入者很难对其构成威胁；在与经销商和供应商的讨价还价中，由于它的某种特色能帮它从消费者那里获得较高利润，企业也处于比较有利的地位，有较大的回旋余地。

福建省文化底蕴深厚，海洋性格鲜明，在全国文化版图中具有独特的地位。近年来，福建省在强化对文化产业政策扶持的同时，通过整合各地文化特色和资源优势，明确发展定位，着力探寻区域文化产业差异化发展的新路径，有力促进了文化与创意、旅游、高新技术等产业深度融合。通过整合各地文化特色和资源优势，明确发展定位，着力探寻区域文化产业差异化发展的新路径，有力促进了文化与创意、旅游、高新技术等产业深度融合。妈祖这个具有不可替代性的历史文化资源，让当地文化企业发展找到了很好的切入点和提升空间。

为了使现有产品实现差别化，文化企业可以通过转变销售方式、加强售后服务、增强产品的附加值、增加产品的品种规格等手段来进行。如力求品牌的优异化，力求品质的优异化，力求专利的优异化，力求创新的优异化，力求服务的优异化等，做到“人无我有，人有我精”。

（二）成本领先战略

成本领先战略是指企业通过在内部加强成本控制，在研究开发、营销、服务上把成本降到最低，借成本优势，成为行业中的成本领先者的战略。低成本战略适用于在市场价格竞争中占主导地位的行业。在这些行业中，企业提供的都是标准化产品，产品差异度小，因而价格竞争成为市场竞争的主要手段。如同一媒体的不同广告代理公司能在人员工资、发布费或上交的版面费、广告位的租赁费等方面打通和整合渠道资源，必定会带来成本的下降，获得相对的竞争优势。

企业采取成本领先战略，可以给潜在进入者形成一定障碍，增强自身参与价格竞争的能力，降低替代品的威胁，保持领先的竞争地位。这种战略的核心是在追求规模经济的基础上降低成本，并以此获得比竞争对手更好的市场占有率，使企业赢利处于领先地位。在理想产业环境中，企业最明智的做法就是要尽可能地利用一切资源选择总成本领先战略，通过投融资或横向一体化式的兼并重组战略快速扩大自身的经营规模，占领行业制高点。纵观全球文化产业的发展路径，我们会惊奇地发现，我们耳熟能详的一些企业翘楚、知名公司从柔弱到变强无不是走过相同的发展道路。

（三）重点集中战略

重点集中战略是指企业通过满足特定的消费群体需要，或者服务于某一有限区域市场，建立企业的竞争优势的战略。

重点集中战略的核心点是细分市场，即该企业所确定的目标市场与行业中其他细分市场之间具有明显的差异性。重点集中战略的关键点是选好战略目标，企业一般需要明确购买群体在需求上存在的差异，同时，企业在目标市场内，针对市场容量、成长速度、获利能力、竞争强度方面均具有相对的可行性。重点集中战略要求企业尽可能地去选择那些竞争对手最薄弱的目标市场，避免与实力强大的竞争者发生正面冲突，与成本领先战略与差异化战略不同的是，重点集中战略是围绕某一特定的目标进行密集型的经营活动。

应当指出，在相对稳定的环境下，这种战略最适合没有足够的资源和能力进入整个市场中更多细分市场的中小企业；但在环境不稳定时，如遇国家政策变化、技术趋势发生变化、替代品的出现、价值观念的更新等，原本的成本优势受到冲击，产品差异化被抵消，企业实施重点集中战略的相对优势会被削弱。

二、文化企业职能稳定型战略

稳定型战略又称防御型战略，即企业通过投入少量或中等程度的资源，维持现有市场占有率、产销规模或总体利润水平，保持现有的竞争地位。其突出特点是：巩固成果、维持现状、经营安全。

采用稳定型战略一般适用于以下情况：当企业对过去的经营业绩表示满意，决定追求既定的或与过去相似的经营目标时；当企业在战略规划期间追求的绩效呈小比例递增时；当企业资源不充分，如资金不足、研发力量较差或人力资源有缺陷而无法满足增长性战略的要求时；当企业的外部环境出现不利于企业发展的因素，企业本身又找不到进一步发展机会时。

但从长远来看，如果一味实行稳定型战略既不能充分发挥内部潜力，还可能由于过于保守，使企业错失发展良机。所以，企业应根据情况，适当地通过增加投资、增加产品种类、增加员工的办法，来扩大生产经营规模，发挥自身优势，谋求企业更大规模、更快速度的发展。

稳定型战略风险是相对较小的，对于曾经在一个处于上升趋势的行业和一个相对环境变化不大的企业是适合的。在资源分配和经营状况基本保持在目前状态和水平的条件下，依靠企业内部改革，挖掘潜力，合理运用经营要素，采取适当的经营组合，使企业的产品结构、组织结构及其他各项工作合理化，从而提高企业的经济效益。

三、文化企业职能紧缩型战略

紧缩型战略又叫退却型战略，是指在市场需求下降的情况下，企业在原有的经营领域已处于不利的地位，自己又无能力改变这种情况，只能从目前的经营领域和基础水平收缩和撤退，以至收回资金，将战略重点转移到对企业更有利的经营领域中的一种消极的发展战略。其精髓是，有进有退、以退为进、以守为攻、张弛有度。

很多文化企业管理者正在被做大情绪所影响，往往盲目做出战略选择。低成本扩张、多元化经营和品牌延伸成了企业家们进行战略决策的不二选择。经济学家郎咸平曾认为：做大做强似乎是中国企业家的共同口号，但是很少看到有企业能够通过做大而做强的。美国著名风险投资家威廉·J. 林克认为，退出战略是一个企业创业时需要考虑的重要问题之一，因为它能够让你心中清楚自己的创业路途有一个怎样的终点和底线。另外，它还能使你和你的团队以及投资者沟通的时候，能够清晰地解释你的目标和期望。

市场信息以及市场的环境都是动态的存在，它们是非固化的，随时都有可能发生变化的存在，因此，企业需要根据其动态变化随时进行适宜的有限资源的调整，从而做出战略性放弃。虽然各企业面临的选择各不相同，但战略放弃的依据必须建立在对企业价值的理性判断之上。无论企业资源是统一在市场还是技术上，走大众化路线还是差异化经营，无论是成本领先还是技术领先，无论是深层次的还是综合性的，企业都需要对自身的资源、能力和市场环境进行科学的分析。在这基础之上，企业才能进行战略性放弃，学会有所为有所不为，果断放弃那些尽管充满诱惑但却背离企业价值取向的业务。

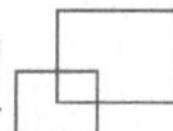

这种战略常用在经济不景气、需求紧缩、资源有限、产品滞销等情况下，选择退却需要勇气和胆识，需要毅力和智慧。因此，紧缩型战略应基于企业可持续发展的全局高度做出价值判断。紧缩型战略一般有以退为进、适当抛弃和完全退出三种形式。

（一）以退为进战略

当企业环境恶化、利润持续下降、财务状况变差时，企业先暂时从现有的地位和水平后退，渡过难关，等到条件成熟后再大踏步前进。这种形式的紧缩一般通过降低费用开支来实现。企业通过削减开支标准、退出新项目的投入等办法，将有限的人力、物力、财力用于强化自身的独特的经营能力，理顺各种关系，减少内耗，改善财务状况，为采用新的战略方案做好准备工作。选择战略性放弃并不是消极后退，也不意味着企业的巨大失败，而是调整思路，集中资源，通过重新关注核心业务的竞争力来获得盈利。

（二）适当抛弃战略

适当抛弃的战略即为维持企业整体的生存，放弃一部分生产经营项目。这种战略以现金回收为出发点，对企业还涉及的夕阳产品经营或项目，不再进行任何新的投资，收缩产品的销售渠道等。当企业先前的经营规模超过了自身能力，造成财务状况恶化，企业资金紧张，资金来源出现问题，企业内部的某些经营单位较差等情况时，可以考虑采取适当抛弃战略。但这种战略不适合高科技、高投资行业的文化企业，也不适合经营领域依赖性很强的企业，因为在这些企业中，放弃某些经营领域或项目可能导致更大的损失。

（三）完全退出战略

当企业遇到很大困难或在产品寿命周期的衰退期时，无论采用以退为进还是适当抛弃战略都不足以应付其面临的危机时，完全退出战略便是唯一的选择。这种战略是指企业完全放弃了先前所有的经营领域，不再继续生存，大致可分为主动退出、被动退出和自然退出三种类型，企业完全退出战略的重点应是主动退出。从积极意义上理解，它是企业的一种战略转移，也是企业资源再分配的战略行动。

采用退出型战略的关键在于退出时机的选择，适当的时机能使企业既有多种退出的机会，又不失掉可能生存的机会，减少损失。一般来讲，退出时间越迟，企业的选择性越小，在毫无希望再恢复经营时，早退出比晚退出更有利。但退出会导致体制、成本、心理上的障碍，因此，在考虑退出时，企业要妥善处理与突出障碍相关的事宜。例如，一旦企业选择完全退出战略就会面临下岗职工的安置、生活保障等问题，意味着投资的损失或预期收益的丧失，往往被认为是经营失败等问题。

太多的经验教训告诉我们：成功的企业通过不断地理性放弃才获得了成功，而失败的企业则因不能理性放弃才导致了失败。企业在选择退出时为减少损失，需要根据企业自身的情况采用合适的方式退出，兼并或出售是企业实施紧缩型战略常采取的低成本运作方式。

一切生物赖以生存的环境，实现可持续发展。例如，随着其所处环境、与自然界的相互关系和历史条件的变化，非物质文化遗产就需要不断创新，促进文化多样性和人类的创造力，推崇认同感和历史感，从而达到代代相传，经久不衰。文化企业可通过对非物质文化遗产利用现代科学技术的方式研发新产品，同时通过申请专利，将非物质文化遗产进行知识产权的保护，使其经济价值和文化价值得到最大限度的体现和保护。

对于企业而言，产品开发战略的前提是要满足市场需求。这需要文化企业根据企业自身的资源、技术等能力，从战略的适宜性、可行性、可接受性三方面进行评价和选择，量力而行，从而确定开发类型，但这些都不可避免地与企业决策者的个人意志有着很大关系。

第三节　文化企业的联合战略

一、文化企业一体化战略

如果企业的经济实力逐步增强，市场占有率逐步提高，那么文化企业可以对供产、产销等方面实行一体化战略，它将独立的若干部分整合在一起成为一个整体，即企业有目的地将互相联系密切的经营活动纳入企业经营体系之中，组成一个统一经济实体。实行一体化战略，有利于提高生产率，扩大产品的销售规模，实现规模经济，提升控制力或获得某种程度的垄断，巩固企业的市场地位，提高企业的竞争优势，取得显著的经营效益。企业一体化战略有纵向一体化、横向一体化和复合一体化三种。

（一）纵向一体化战略

纵向一体化战略也称为垂直一体化战略，是将生产原料供应、生产与产品销售连接在一起的战略形势。它是企业在向前、向后两个方面可能扩大现有经营业务的一种发展战略，使经营过程相互衔接、紧密联系。它包括后向一体化和前向一体化两种形式。

纵向一体化反映了企业在内部或行政交易中取代市场交易以实现其经济目的的决定。迈克尔·波特（Michael Porter）在《竞争战略》（*Competitive Strategy*）一书中写道："理论上，我们现在所期望一个公司应具有的所有职能都可以由一个独立经济实体组成的国际财团执行，每一个经济实体与核心协调者签约而核心协调者自己仅需有一个经理或一张办公桌即可。事实上，图书出版业与声像录制产业几乎就是这种形式。许多出版商为企业承包编辑服务、排版、制图、打印、发行和销售，而企业所需做的仅仅是决定出哪一本书、市场营销及财务管理同样的，一些音像公司也与一些独立的艺术家、制作人、音像录制中心、唱片出版机构和发行与营销组织签约，以便创作、生产和销售每一种音像产品。"

1. 后向一体化

后向一体化也叫供产一体化，是指生产企业与原材料供应企业之间的联合，即企业通过收购或兼并若干原材料供应企业，拥有或控制其供应系统，进而自行供应从事现有产品生产或劳动所需要的部分或全部原材料。

当企业的供应商要价太高，不能满足企业对零件、部件、组装件或原材料等的需求时，企业可以通过后向一体化战略就能节约与上、下游企业在市场上进行购买或销售的交易成本，保持原材料的价格优势，控制稀缺资源，进而达到稳定产品价格、控制原材料的质量的目的，尽快获取所需资源，获得新市场。

以我国出版业为例，在20世纪前半叶，商业印刷厂和中华图书公司也积极实施后向一体化战略，以这种方式来降低成本，从而提高市场的竞争力。1915年左右，中华书局开始投入印刷业务，"购地建屋，添设分局，扩充印刷，推广营业，过去两年之内，所费不下八十万圆"（陆费逵语）。除了设备的增添之外，还派遣了诸多学者到国外进行先进印刷技术的学习，培养了一批拥有先进技术的印刷人才。开明书店创办人章锡琛评论说："'商务''中华''世界'所以能成为出版界的翘楚，唯一的基本条件是印数最多的教科书，'商务''中华'更依靠印刷业的扩展。'世界'因为这两方面都不及两家，就直靠借债度日。"在抗战期间，商务印书馆建立了温州纸厂，以此来缓解当时纸张供应存在的压力。后向一体化战略不仅保证了较低的成本，还避免了市场风险。除此之外，对竞争者来讲，还形成了强大的竞争压力。

目前国内的出版产业与纸张供应商自身具备的特点有以下几点。

①由于纸张的价格被供应商不断提高，因此，纸张的供应得不到很好的保障。

②出版业将迎来大繁荣、大发展，出版规模逐年扩大，对上游信息的需求将继续增加。

③纸张出现供不应求的情况，企业需要尽快地获得所需资源。

④部分出版单位已经具备了自己生产原材料所需资金。

这些特点是出版业后向一体化战略的适用标准。通过持股或战略合作，出版企业可以提高自身议价能力，与此同时，降低投资风险和生产成本，获得更优惠的价格，从而有效提高市场竞争力。在后向一体化进程中，出版业必须明确战略目标——确保企业关键原材料的充分供应，提高企业的风险控制。应将取得直接的经济效益放置次要位置。

一般来说，完全一体化是不被提倡的，企业使用的一些纸张可以由企业自己解决。大多时候出版企业应该以自己的造纸能力作为讨价还价的筹码，从而提高议价能力，企业主要的经营对象仍然是内容。

2. 前向一体化

前向一体化也叫产销一体化，是指生产企业和用户之间的联合，即企业通过收购或兼并若干用户企业，或拥有和控制其商业分销系统，进而自由组织产品的销售，组成统一的经济联合体。同时也可一直利用自己的优势，对成品进行深加工，获得原有成品深加工的高附加价值，向产品的深度或业务的下游发展。

在中国的出版发行领域，已经有一部分发行集团率先开始了一体化进程，这势必会对出版集团的发展构成一定的威胁。深圳出版发行集团于2007年11月20日正式挂牌上市，是中国第一家集文化产业生产、销售、发展为一体的企业集团，该公司由原深圳出版集团和海地出版社组成。公司总经理陈锦涛在接受记者采访时说："在中国，出版业从来就是上游主宰下游，而在美国却不尽然。美国的巴诺、鲍德斯等大发行商和几十家出版社签订有关合同，是下游主宰上游。深圳发行集团和海天出版社的整合也是对中国出版业上游主宰下游的突破。"

企业实行纵向一体化战略，可以加强对生产部门的控制，降低产品成本，加强对销售市场的了解，稳定和扩大产品的销售，更好地拓展市场。但由于企业从原来只管生产变为既组织生产，组织供应或既组织生产又组织销售，这必然对企业的资金、人才、技术以及经营管理各个方面提出了更高的要求。文化企业的目标是通过创造消费者的效用来获取利润，企业必须衔接上下游相关环节的产业主体，共同延长价值链才能创造更大的效用，分享更多的利润并巩固市场地位。

浙江卫视《中国好声音》活动主办方成功整合战略广告商以及移动运营商、电信运营商、平面和网络媒体，电视台、参赛选手赞助商和专业娱乐公司的利益，有效延伸了价值链，创造了更大效用，分享了更多利润，使其自身的竞争力得到了有效的提升。

（二）横向一体化战略

横向一体化战略是指企业通过收购兼并竞争者同种类型的企业，或者通过在国内外与其他同类企业合资生产经营等战略来扩大企业的生产经营范围。其特点是与生产同一产品或同在一个经营领域的企业联合，企业能迅速扩大生产规模，提高生产能力，提高市场占有率，并且能有效地降低生产经营成本，提高机器设备的利用率，减少竞争的代价，便于统一采购原材料和销售产品，便于利用先进技术设备和工艺，从而使企业获得规模效益。

时代华纳可谓全球最大的娱乐传媒集团，其早期发展主要以横向并购为主，目的是为了将公司规模扩大，从而提高公司在整个行业中的竞争力。事实证明，它成功了，通过对行业强势力量的整合与集中之后，它位居世界娱乐传媒领域的前列。其前身主要从事杂志业，在此期间，创立了诸多杂志品牌，但它并没有一直安于现状，而是在创立新品牌的基础上，不断收购其他具有潜力的杂志，以此不断壮大公司的规模，当时可以称得上是杂志之王。

除此之外，家喻户晓的华纳唱片集团也是如此，通过不断联合而使公司逐渐壮大起来，不仅在国内有居于前列的地位，在国际市场上也同样位居前列。时代华纳旗下的特纳广播公司则因为拥有多家有线电视网而成为受众巨大、广告收入第一的广播电视网。时代华纳的子公司都通过横向收购来增强公司的实力，从而间接提高了市场的占有率，在减少竞争对手的同时，还加强了对市场的控制，逐渐实现了规模经济的效果，在行业内具有其核心竞争力。

（三）复合一体化战略

复合一体化战略是指产品、技术、市场等各个方面没有直接关系的两个企业之间实行联合。这种战略可以壮大企业综合经营实力，提高市场竞争力，有效地降低经营风险，充分利用品牌优势，大大提高品牌的市场占有率，有利于企业实施长期的发展战略。

全剧总长度为212集的动画片《海尔兄弟》，是由中国北京红叶电脑动画公司和中国著名企业海尔集团联合投资6 000余万元，历时十余年制作的一部集娱乐性、知识性、趣味性为一体的寓教于乐的巨型动画片。它开创了我国动漫产业与实体经济有机结合的先河。2013年初，河南升环动漫影视有限公司与双汇集团联合打造动画片《双汇大森林》，消费者在购买双汇产品的同时，除了得到了物质产品之外，还附加了一种喜闻乐见的文化产品。合作双方还在影视动画、商品授权、在线娱乐、角色扮演等产业链相关领域携手全面拓展。这种复合一体化的发展战略不仅使企业文化得以传播，也带动了动漫产业向纵深方向发展。

我们继续以时代华纳和华纳唱片两大公司为例。时代华纳一方面通过横向并购扩大规模，另一方面又通过纵向并购实现对各业务环节的控制，最终实现内容与渠道的联合。英国最大的消费类杂志订阅代理商以及杂志发行商被时代华纳收购，从此，时代华纳拥有了更为畅通的发行渠道。华纳兄弟公司积极收购影院，为自己的电影播放产业铺设道路，并成为集制作、冲洗和放映于一体的电影公司。

华纳唱片公司从歌手培训包装、音乐设计、生产、印刷、出版到销售等方面发展了大量的子公司，形成了一个高度集成的产业模块。通过纵向兼并收购，时代华纳将上下游之间的外部交易转换为内部交易，这使时代华纳的交易成本被极大降低，无形中增大了利润空间，在一定程度上避免了因市场不确定性而带来的风险。除此之外，时代华纳也会影响竞争对手的活动，通过大量关键元素和业务链接控制进入壁垒，从而提高公司在世界媒体行业的竞争力。

二、文化企业集团战略

企业集团是以一个或若干个大中型文化企业为中心，由众多具有生产、经营、技术内在联系的文化企业，按照平等自愿、互助互利的原则，为了共同的经营目标进行多层次、多形式联合生产经营组成的大型企业联合组织。许多知名的文化大型企业都以全国为视点，组建跨行业、跨地域的大型文化产业集团，形成一个技术优势互补，经营优势互补，市场优势互补，具有很大包容性和扩张性的综合性集团，打造文化产业的龙头企业。

加入世界贸易组织（WTO）后，我国文化产业面临的发达国家文化产业竞争的挑战来自两个方面。

一方面，庞大的国内文化市场已成为发达国家文化产业竞争的目标，而不再为我国文化产业所独有。

另一方面，我国丰富的文化资源已进入世界文化产业的生产要素体系，它在某种程度上限制了我国文化产业对我国文化资源的利用程度。基于此背景下，我国文化产业要想得到良好的发展，就必须走集团化、规模化之路，组建以产品为基础、以资本为纽带的文化企业集团。与此同时，允许文化企业通过资本运营，实行跨地区、跨行业、跨所有制的兼并重组，鼓励强强联合，实现优势互补，充分利用重组各方的资金、技术、管理、市场资源，促进技术进步和经营管理上台阶，降低产品开发、生产、销售成本，壮大自身实力，提升产业竞争力。

实行企业集团战略有利于企业形成综合的经济优势，有利于增强企业的市场竞争力和适应性，有利于促进生产要素的合理流动和重新组合，创造新的生产力，同时也是促进社会资源优化配置、实现规模经营的有效途径。企业集团组建的形式和种类有很多，常以企业集团组建的目的和功能为划分标准。

（一）单点辐射性战略

以大型骨干企业的名优产品、系列产品为龙头向外辐射，把一批相关的生产同类产品的企业组织起来，形成以主导产品为核心、多层次配套网络的企业集团。单点辐射性战略适用于大规模专业化企业，这种类型的企业集团发展较早，数量较多，也比较成熟。

2010 年成立的安徽演艺集团有限责任公司是目前安徽省省内规模最大、艺术水平最高的综合性表演艺术团体。公司以主旋律剧目为龙头，融入新兴业态，全面激发艺术生产活力推出了一批精品力作。其中，弘扬沈浩精神的话剧《魂系小岗》现已在全省 12 个地市巡演 65 场；大型黄梅戏交响清唱剧《天上人间》，用全新的艺术样式创新演绎黄梅戏经典剧目；大型 3D 全息黄梅戏《牛郎织女》，首次将 3D 全息科技手段运用于中国传统戏曲舞台；徽韵动漫剧《小红帽梦幻奇遇记》《黑脸大包公》和儿童动漫剧《花仙子智斗灰太狼》为传统艺术融入新的时尚元素。公司依托集团规模优势，充分做到了主业突出、特色鲜明。

（二）多元化配套型战略

这种战略通常是指企业在原主导产业范围以外的领域，增加与企业目前的产品或服务显著不同的新产品的生产经营活动。文化企业采用多元化配套型战略的主要目的就是可以更多地占领和开拓新市场，可以避免单一经营的风险。多元化配套型战略要求企业能够根据市场环境变化积极调整产品结构和自身的组织、经营结构，让有用的资源形成共享状态，与合作伙伴之间充分实现协同效应。同时能够在主要业务领域展开有效部署，发挥核心竞争力和影响力。

例如，为保证某个大型文化建设项目所需设备的成套性，各大型骨干企业及相关设计单位互相配合、协同工作，实现了从设备设计、制造、安装、调试到人员培训、维修、服务等全过程的统一。

（三）产销联合性战略

产销联合性战略又可被称为产销一体化战略，它是以最终产品为纽带，将产品研发企业、产品生产企业、产品销售企业联合在一起，实施研、产、销一条龙的发展战略。

近些年，我国文化企业虽得到了迅猛发展，但由于相当一部分文化企业暴露出分散性、企业规模小、竞争力低的问题，困扰着很多企业的经营者，若能在文化产品的产销体系之间突破一般的买卖关系，设立共同目标，实现实质性的联合，形成规模化、品牌化的经营效应，便能在很大程度上有效地降低成本，提高生产效率，保障各种渠道畅通和稳定，提高各自利益和整体利益的竞争力，实现合作共赢。

三、文化企业兼并与合并战略

随着社会主义市场经济的形成，企业之间资产重组，产权交易，资本流动已成为市场经济发展的潮流和趋势，通过实施企业兼并与合并战略对产业结构、产品结构和企业组织结构的调整，能够优化和升级经济结构和资源配置，降低交易费用提高企业乃至全社会的经济效益。

（一）企业兼并与合并战略的定义

企业兼并是指一个具有法人资格的经济组织，以现金购买方式或以本企业股票调换其他企业的股票从而取得后者的全部资产或控制权，取代原本法人的资格，承担被兼并企业的全部债务债权，以扩大现有企业规模和经营范围的一种产权转让后资产重组的交易方式。

企业合并是指参与企业通过所有权与经营权同时有偿转移，全部放弃法人资格，不再独立存在，实现资产、要素、经营的合并，由一个新成立的、取得法人资格的企业统一经营的企业产权交易形式。在我国，国有文化企业合并多数属于行政性合并。

（二）企业兼并与合并战略的原因

1. 实现文化企业的快速扩张

由于扩建以及新建工厂所需的成本要远高于企业间的并购重组，与此同时，

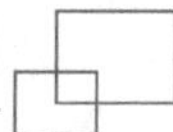

这种扩张和新建工厂使经营规模的扩张速度变慢，所以渐渐被企业并购的形式所替代，这也就意味着企业的并购成了文化企业发展规模经济的首选。

3. 文化企业能够获得垄断利润和竞争优势

通过文化企业的兼并，可以扩大市场份额，将生产逐步集中到这些企业，并随着规模经济效益的扩大，形成几种联合企业集团或寡头垄断竞争格局，从而增加产业壁垒，产生更高层次的竞争。竞争的结果将进一步降低文化企业的成本，促进产品质量的提高，进而形成垄断利润和竞争优势。

2. 实现文化企业间的协同效应

并购不仅可以在一定程度上对文化企业的资产进行补充和调整，在保持整体产品结构的前提下，文化企业可以实现各子公司产品的单一生产，避免因产品品种转换而造成生产时间浪费，使文化企业能够集中足够的科研经费用于研发，从而能够采用新技术，改进服务工艺，迅速推出新的文化产品。

4. 提高文化企业的经营效率

文化企业的并购既可以使效率高的经营者取代效率低的经营者，又可以对现有的经营者施加无形的压力，迫使他们提高经营效率。

（三）企业兼并与合并战略的作用

文化企业兼并与合并战略既可以控制生产和经营成本，又可以使资源配置的范围得到扩大，从而创造出新的利润点，使文化产业链的整体价值得到大幅度提升。除此之外，文化企业的兼并与合作战略还可有效降低经营风险，化解新技术带来的冲击。大部分情况下，通过兼并和合并，文化企业通常能够进入与原始文化产品相关的多个业务领域。

一方面，文化企业规模的扩大，不仅加强了文化企业对原有供应商和销售渠道的控制，还提高了文化企业对主要文化产品市场的控制。

另一方面，文化企业通过合并收购扩大了企业规模，文化企业拥有相对充足的财力与市场上的竞争对手进行价格竞争，采用低成本的定价方式让竞争对手从有竞争力的领域退出，实现垄断市场的目的。

企业兼并收购是现代经济发展史上一个常见的现象，世界上一些著名的文化企业集团通过并购而成长起来。比如通过并购和销售，时代华纳公司在美国突出了其核心优势，形成了整个产业价值链，成为世界文化产业中的娱乐传媒巨头。

（四）企业兼并与合并战略的种类

企业的资产重组能否顺利进行，重组后能否实现现代化组合、壮大自身，与重组模式的选择是否得当密切相关。企业必须依据最小代价、最大效益、最佳时机的基本原则，根据各企业的产权关系、资产质量、人员结构、债务负担等具体情况，选择最为合适的重组模式。按照出资方式划分，企业重组有兼并收购式、整体合并式、租赁改造式、债权转换式等重组模式。

1. 兼并收购模式

兼并收购模式是指一方企业以出资方式收购另一企业资产或产权的行为。兼并收购可以是整体兼并收购，也可以通过购买部分产权或股权，达到掌握对方经营决策权，以控股方式实现。

兼并收购作为有偿取得所需资产的一种方式，要求并购方有雄厚实力和融通资金的能力，相对于创办新企业来说，财务风险比较大。一个企业在并购另一家企业时，在并购对象的选择、并购力度的掌握、并购事件的安排等方面总是慎之又慎，并购行动完成后，资产重组的速度、效能也往往是最快、最好的。

2. 整体合并模式

整体合并式重组是指两个或更多的企业通过一定的途径合并成为一个企业。可以是强强联合，也可以是劣势企业并入优势企业。可以是合并的各方原有企业法人资格消失，重新组成一个新的企业法人；也可以是其中的一个主体优势企业的法人资格不变，其他企业加盟于主体企业。整体合并式重组是成本最低的一种资产重组方式。无论是强强联合，还是其他企业加盟于主体优势企业，都不需要拿出许多资金来购买合并进来的资产。合并后的企业各种生产要素扩大，通过进一步的改造，有可能迅速提高生产能力和竞争能力。

企业整体合并的一个重要前提是合并各方的产权主体一致或接近。企业的整体合并一般有两种途径：一是自由恋爱式。企业为壮大自己实力，自行协商，自由组合。二是行政推动式。即一级政府或上级主管部门从本地区、本系统、本行业的经济发展规划、总体布局等出发，通过行政决策，推动企业的整体合并。目前我国许多大型文化企业集团的组成，大部分是行政推动的结果。

3. 租赁改造模式

租赁改造式重组是企业改革和资产经营中一种富有创造性的模式。它通过租赁的方式，取得被租赁企业的资产在一定时期内的经营使用权，经过适当的投入和改造，迅速形成新的生产经营能力。这是一种投入少、见效快、比较

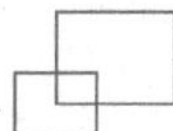

灵活的资产重组方式。例如，很多的出版社租赁改造一些印刷厂，取得其经营权，从而获得图书产品成本的降低和资源的整合。

租赁改造式重组的优点有两个。一是前期资金投入少，财务风险小。企业可以集中有限的资金搞好企业改造和扩大生产能力。二是动作简便。企业租赁的只是被租赁企业有效的资产，并不同对方的债务、人员发生关系，纠葛和麻烦少。对被租赁企业来说，盘活了限制资产，每年有稳定的租赁收入，且毫无风险。

4. 债券转换模式

沉重的债务链是困扰我国众多文化企业的一大难题。不少企业陷入三角债的怪圈中难以自拔，严重影响了自身的发展。在资产重组的过程中，一些企业积极尝试将债券转换为股权，以此来缓解债务压力，取得了良好的效果。

为了充分发挥市场在文化资源配置中的基础性作用，激发文化企业的市场主体性，就要以需求为导向组织各种文化经济活动，以资本为纽带盘活存量资产，加大资本运作的力度，实现文化资产的保值增值。

文化企业可以利用规模经济把企业的专业化活动分解成诸多价值链，管理者可以通过对价值链的选择来制定扩张政策，从而增强产业整合市场的能力。随着规模经济文化企业的增加，其对文化市场的支配力得到了增强，并在一定程度上形成了成本优势，产业间的竞争可以获得缓解，文化产业的进入壁垒加大，竞争力弱的文化企业将与具有较强竞争力的大型企业合并，从而实现资源的优化配置，保护文化产业的发展。

第六章　当代文化企业的投融资管理

企业对文化产业的投资活动，是企业自身追求价值最大化的过程，其投资的目的在于对利润的获取；而其资金来源主要来自内部融资和外部融资两个渠道。为了对文化企业的投融资管理有进一步的深入理解，下面将从文化企业的投资决策、投资评价、企业投资的模式以及融资工具等方面进行阐述。

第一节　文化企业投资决策

一、投资决策的法理性

企业的投资活动具有明显的利益冲动，其投资决策活动是以市场的客户销售为中心，包括了投资管理的组织架构、投资风险分析、投资价值评估和投资管理监控。企业投资就是为了实现企业价值最大化所进行的战略性资源投入和配置过程。因此，企业投资决策首先要确定为谁的利益而投资，投资决策由谁来决定，以及对投资决策的程序做出何种规定，这是企业投资的法理问题。

从法律上讲，企业出资者是企业的股东，对企业拥有所有权。因此，企业的投资决策应该是为了企业出资人的利益而进行的资源配置。现代企业制度中，企业的股东是通过委托代理的方式将企业的经营管理委托给职业经理人。股东作为公司的缔造者和出资人，其利益必须从公司制度层面得到保护。因此，在股份有限公司、有限责任公司的法律制度里有着具体规定，并在不同机构中行使不同的权利。公司行使重大决定决策权的是公司权力机构股东会；行使公司经营管理权的则是公司的执行机构——董事会；而行使公司监督检察权的则是公司的监督机构——监事会。

文化企业的特点在于，其投入的关键资源并不一定表现为企业金融资本，无形资产往往是公司的核心资源。因此，在权力分配上，存在公司出资人（金融资本持有者）与无形资产的所有者之间的利益均衡问题。例如，一个剧组作为相对独立的实体，其运作过程是以导演为核心的。导演相当于厂长，而制片人是股东。从法理上讲，制片人虽然具有人事权和投资决策权，但是在拍摄过程中，导演通常具有很大的影响力来左右制片人的决定。再如，网络电视、网络游戏和移动视频点播等行业中，关键资源主要是国家许可的营业牌照、技术平台、内容平台和资金四大要素。按照重要性来排列的话，资金并不是最重要的，甚至在某些情况下是四个要素中重要性最低的。在这些行业中，持有牌照一方、技术平台控制者和内容提供商都具有较大的话语权，而这些无形资源被这些所有者掌握，他们可以视具体的情况而定，相机将资源投入或者退出。所以，即使这些无形资源的所有者不是公司的最大股东，其对无形资源的投入时机、方式等决策，对于公司的未来发展也具有很大的影响。此时在公司投资决策权的配置方面，就不能不考虑利益均衡的问题。

作为金融资本的投资者，在投资决策权力的分配上，需要考虑这些无形资源投入者的利益和权利，而不能完全地将公司价值最大化等同于金融资本投入者价值最大化。此时，投资决策过程的效率和公司的治理结构直接相关联。比如在一个经营网络电视业务的公司中，仅从注册资本金中出资份额的多少就可以决定公司董事会和经营层架构，如果在投资决策和决策执行中只是从主要出资者本身的利益考虑，忽视了技术、内容等关键资源投入者的利益诉求，则必将影响到这些关键资源投入者的积极性，以及这些持有者对其所拥有资源的投入程度和信息披露意愿，也无法保证公司价值的最大化。

二、投资决策机构的组织形式

企业的投资活动通常关系到企业的战略性选择，除了上述要符合公司法对于董事会和经营层之间的权力关系分配外，在具体的投资决策过程中，还要根据企业所投资的文化产品市场和企业自身的资源状况，对投资决策的组织进行合理架构。

一般情况下，常见的投资决策模式是在公司组织结构中设立投资发展部或者项目部，项目部门寻求投资项目，并提交给投资发展部门，由投资发展部门组织对项目论证，并提交给公司经理和董事会决策，项目批准后交由项目部门具体负责执行和监督，也可以将投资部和项目部组合在一个部门中，让不同的人员分工负责。这种方式是职能化的部门分工方式，这种组织方式的优点是分工明确，专业化程度高，比较适合小型的企业和中小型的投资；而其缺点是由于文化产品市场的竞争较为激烈，文化产品和项目的生命周期短，对文化市场的投资需要把握时机，但是由于投资决策采用这种职能化的分工，一个项目从寻找、确定、论证、上报到批准立项的整个过程过于漫长，组织对市场变化的反应速度落后，往往容易耽误投资的时机。而且，职能化的分工使各部门的人员在自己的分工领域专业化，投资论证的人员往往不从事具体的市场业务操作和实践，与公司业务的具体执行者之间的认识存在差距，缺少对市场实际情况的把握，对投资项目的论证做不到实事求是、切合实际。

在大型的企业或者多事业部门的企业集团中，也有采用矩阵的方式，针对具体的项目投资设立项目组，项目组的成员由各个部门和事业部的成员组成。这种方式的好处在于，投资管理的成员来自各个不同的职能部门，能够充分地对投资项目发表专业性的意见，并对投资项目进行深入的讨论。特别是对大型项目投资和战略性的投资，这种投资组织方式能够保证在投资论证期间，充分地考虑各个方面的因素，并且通过将市场经营人员引入项目组，更好地对投资的市场状况和前景做出判断。这种投资组织方式的不足是投资成员往往只参与项目的论证，投资项目具体执行是由具体的部门和子公司执行，有的时候各个成员会从自己部门的利益考虑，出现本位主义现象和部门利益冲突，或者由于事不关己和发言不切实际造成论证时间过长，耽误投资时机。

第二节　文化企业投资评价

一、投资机会评估

投资管理中最重要的工作之一就是投资评价，这一环节也是作为一切投资活动的起点存在的，且决定了企业投资的对象。

（一）净现值法

按照行业的基准收益率或是已经设定好的折现率，将未来项目每年的净现金流量折现到开始投资的现值总和就是净现值，它也是代表一个项目赢利能力的动态指标。

文化项目投资一旦启动，就会有相应的投入成本和现金收入。决策者要决定是否进行某项投资，或者要把不同投资项目进行排序，就必须找到一种能比较不同时期获得收入价值的方法。同时评估一个项目所产生的现金流是否能带来足够的利润，且是否能够弥补投资的成本是在投资评价时的基本思想。由于一项投资会在未来不同的时间点上产生现金的流入和流出，决策者在考察投资项目时，往往面临的是流入和流出资金组成的序列（现金流量），仅仅把现在投入的资金和未来某个时点获得的单笔收入进行比较是不够的，因此我们需要把发生在不同时点的现金流量换算到现在共同的参考时点上，以便于进行直接比较。因此对项目的评估需要将未来的每年投资收益折算到当前的参考点进行比较。

因为项目用来投资的支出和未来的收入并不是发生在同一时期的，所以只有按资金的时间价值，在同一个时间基础上将收入与支出进行换算，才能使投资效果得到正确反映。在项目的净现值是正数的情况下，就说明了计算净现值所用折现率是低于项目投资的收益率的，这也是一般会被采纳的方案；在净现值为零的情况下，就表明了项目投资报酬率正好是已采用的折现率；但若净现值为负数，则表明所采用折现率是高于项目投资报酬的，这时要做的是放弃方案。

净现值的计算有以下几步：①先要计算投资项目在每一年中的净现金量；②再选用适当的折现率，通过计算或查表得到每年的折现系数；③用相应的折现系数与每年的净现金流量相乘，得出现值；④求出每一年净现金流量的现值总和，最后得出投资项目净现值。

在项目现金流量的基础上，可以测算出投资项目的动态经济评价，投资项目从开始立项到最后终结都要经过很长时间的投资与收益过程。按照发生的时间，项目流量可分为三部分，分别是初始流量、营业流量和终结流量。因为初始流量的发生阶段较早，所以估测的偏差也会较小。终结流量的发生阶段虽然远，但它的现金流量并不高，所以在整个项目贴现之后影响也不会太大。这一过程中最重要的就是营业流量测算，营业流量也被称为营业净流量，是在项目建成之后并存于漫长的收益期中，从现金流入量中将流出量扣除后所得的净额。影响营业流量的直接因素是各年付现成本、营业收入、所得税和折旧额等，所得税和折旧的税率变动并不大，但付现成本与营业收入由于受到市场与企业等众多因素影响而随时产生变动。因此在测算时，如果不能使用动态的方法与观念，最终得到的评价就不是最可靠的。

当然，在实践中出现相反的情况也不是不可能的，那就是指企业的经营形势逐渐转变为收入增加但成本降低，原来一些不太可能实现的项目开始变得有利可图。但从会计学的谨慎性原则出发，统计财务预算时，成本费应尽量考虑全面，而收入在估计时应尽量保守，这样就可以很大程度上加强风险的承受力。不仅是会计的年度预算，长期投资项目的经济评价更是如此，只有遵循这样的原则才能防止投资失误，防止不可挽回的损失出现。

在对投资项目进行动态评价时采用贴现技术，那么贴现率对企业就会非常重要且复杂。选用贴现率时需要考虑两方面因素，即质与量两方面。首先是质，常用贴现率一般分为三种：①贴现率为行业的平均利润率，为本行业投资利润率标准，低于这一标准则利润率会下降；②贴现率为银行贷款平均利率，这也是投资项目获利水平的下限标准；③贴现率为企业的平均资金成本，这是为了表示企业的资金成本如果高于项目的资金利润率，那么就证明这是无利可图的。所以，投资项目的经济评价标准内含报酬率时，就会经常将这三种指标作为基准并进行对照。

其次就是量。相同项目现金流量的情况下，经济评价时贴现率的不同会出现相反的理论。大部分情况下，贴现率变高会使项目净现值偏低。不管是哪种贴现率指标在做经济评价时进行贴现计算，都不能在贴现率量化上使得项目的寿命周期不发生变化，所以应当在不同情况下，按照宏观与微观的经济形势采取不同的贴现率，这样才能对投资项目进行动态的经济分析，虽然这种做法难度大，要求高，但也只有这样才能使分析评价达到最终目的。

所以，现金流贴现法对投资价值的评估主要参数是未来每年的净现金流量和相应的风险贴现率。例如深圳锦绣中华微缩景区和中国民俗文化村于2002年实行合并工程，合并后的锦绣中华民俗村景区将用五年、耗资五亿元、分三个阶段逐步实施完成。计划推出十余种旅游新项目，包括手工艺街、风味美食、戏耍、庙会街、大戏台、小电影等。显然这项工程从投建到完成后交付经营，每年都会发生相应的投入和项目经营收入，产生现金的流入和流出。项目的评估就需要对各个项目未来可能发生的投入成本和产生的收益加以预测并选择一个合理的贴现率折算到当前，来比较投入和产出的大小。

项目的现金流量是每年销售收入减去成本之后的净收益。现金流量受到项目的经营和销售水平的影响。对于具体的文化产业的投资来说，文化产品和服务的核心是精神内容，精神内容的开发、生产和销售活动容易受到市场等较多因素的影响，造成项目现金流的不稳定和风险的增加，主要表现在以下几个方面。

第一，文化产业相关准入政策、金融政策影响到市场的准入门槛。准入门槛过高，会增加项目的投资成本，影响到项目投资回收期。如对某些出版等行业限制进入，企业只能进入投资与发行环节无法控制产业链上游的出版环节，而出版环节控制着出版物精神内容的创造、包装、定位等重要活动，企业不能控制这些活动，就无法获取较高的超额利润。

第二，政府的文化管理政策会影响到企业的生存环境。例如对连锁网吧的投资，网吧对青少年的影响问题一直是社会争议的焦点，政府有关部门在提高了网吧的营业税之后，又出台了网吧管理条例，规定网吧经营时间不得超过夜间 12 点。这些政策对网吧的经营产生了致命的打击，由于税收成本的提高，以及营业时间缩短后造成主要消费群体的流失，使得连锁网吧现金流量急剧下降，国内最初获得连锁网吧营业许可证的企业大都相继退出。

第三，产业竞争环境也影响到企业的经营效益，进而影响到投资收益。产业竞争的加剧、产业不平等竞争等，都会影响到企业的投资经营活动。例如在出版、广电等行业，除了政策限制之外，大部分内容资源被控制在少数行业垄断性的企业手中，造成资源难以流动，新的企业投资进入后，往往面临着内容资源的瓶颈。再如上述连锁网吧问题，由于大量黑网吧可以逃避政策管制，造成遵守政策法规经营的国有连锁网吧面临着不公平的竞争；而且网络竞技游戏的风行，一些新的网络游戏平台不用进网吧，在机器性能、网络速度准许的情况下，就可以在宿舍和家庭进行竞技游戏，产业竞争环境的改变也影响到连锁网吧的生存。

第四，任何产品都要经历市场进入、成长、成熟、衰退等阶段。文化产品的生命周期影响一个项目能够产生现金流入的时间的长短，也就是项目获利时间的长短。文化产品的周期因其产品性质而不同，有的文化产品如电影，周期较短，其赢利的高峰期一般为两到三年，包括电影上映期间以及有关衍生品的销售。有的周期会较长，如主题公园，一般在十年左右，像迪士尼这样的长寿产品是不多的。

第五，项目投资企业的财务结构、税率等因素也会影响到投资的风险水平和收益。财务结构是投资项目的融资结构，指项目融资中的股权、银行贷款的比例结构，由于获取资金所支付的成本（利息和股本收益率）不同，会造成投资的成本差异；此外税率的差异也会影响到项目的税后利润，例如文化产业园各项税收优惠和国家对于文化产业的税收优惠等，都会降低投资的成本，吸引资金进入相关产业。

（二）投资回收期法

用项目的净收益抵偿全部投资需要的时间就是投资回收期。其并不反映项目的赢利能力，而是指一种考察项目投资回收能力的静态指标。投资回收期的计算一般则可以按照累计净现金流量计算而得。从内容上看，回收投资所用的项目净收益包括每年获得的净利润和每年取得的折旧额。

对于文化企业来说，不同的文化产品，回收期也不同。电影、电视剧等项目投资回收期相对比较短，产品投资生产的周期一般是一年，如果市场营销做得好，可以在二至三年内收回投资。而像主题公园、文物遗迹的开发、文化旅游、影视基地的投资等，投资额比较大，先期现金流入不大，有一个较长的投资回收期。所以，对于这类项目，通常采用的是分步实施、滚动开发的方式，减少项目的风险和平衡项目的现金流。例如横店影视基地的开发，通常是和电影的制作相配合，实行滚动开发，电影制作的同时，就形成了对某一外景的建设，随着规模的扩大和横店品牌的形成，每一期开发投入所形成的景点，都可以产生一定的现金流贡献。

由于文化项目的投资存在较大的市场不确定性，因此在使用投资回收期方法时，对于项目经营期间的现金流的核算，不能凭主观臆测，而必须通过科学的测算，将一些风险因素考虑在内。比如文化旅游区的投资，其收入来自门票和各类旅游服务项目等，这些和游客的流量直接相关，核算游客流量的过程中必须考虑到项目品牌创建期游客流量不会太大的风险，此外还要考虑旅游区本身可容纳的游客人数、为了保持生态资源而需控制的游客流量以及季节原因造成旅游淡季的影响等。

（三）内部报酬率法

一项投资在自身寿命期之内，将每一年的净现金流量现值相累积等于零的折现率，就是指内部报酬率。这是一种考察项目赢利能力的动态指标。

在进行内部报酬率的计算时，经常使用的方法是先试差，后插值。具体步骤如下。

①首先由预估折现率，且用预估出的来计算要投资项目的净现值。

②如果计算出的结果大于零，就可以将折现率估计得再高一点，接着进一步计算项目净现值；但如果结果小于零，则可以估计得小一点再计算。以此类推，继续反复，直到净现值在零附近，且较大与较小的两个折现率所确定的净现值分别为正数与负数时才算成功。

③最后，在较小与较大的折现率间使用插值法，得到折现率的净现值为零，才算真正求得内部报酬率。

内部报酬率与资金成本相比时，如果前者大于后者，那么该投资方案就可以被接受。同时，也可以比较内部报酬率与我们所期待的目标，如果比目标的利润率高就可以接受方案。

二、资本成本

资本成本包含了资本使用成本与发行成本，是企业为了筹集资金、使用资金所应付出的金额。资本使用过程中支付的各种费用就是资金使用成本，例如，股票的股利、债券的利息和银行贷款的利息等；而在筹资过程中产生的费用则是指资本的发行成本，例如债券、发行股票等支付的发行印刷费、手续费、公告费、承销费和资产评估费等等。

决定资本成本高低的因素主要有总体经济环境、证券市场条件、企业内部的经营和融资状况以及融资规模。公司收到投资者的投资资金并不能没有条件地随意使用，而是要给予投资者相应的资产收益。并且，也正是因为投资收益吸引了投资者，才能使投资收益公司利用这种诱惑吸引资金。

资本成本是由资本的使用决定的，也是由投资项目的预期收益风险决定的，不管是同一企业还是不同企业，其投资机会的资本成本都各不相同。资本成本的设定者是资本市场，而不是企业自身。

不管是何种资产，其价值都是资本市场对该资产预期在未来能够产生的现金流现值，现值则是指资产在未来预期内现金流收益风险的贴现率，也就是资本成本贴现未来预期的现金流所得。企业的投资、融资和经营等活动的评价标准一般涵盖了资本成本所隐含的价值理念。

作为企业取舍投资机会的贴现率，只有资本成本低于投资机会预期收益率时才能投资这一项目。

企业评估内部经营的业务单元资本经营效益有下面几种作用。

①企业评估内部经营的业务单元资本经营绩效为企业重组业务资产或继续追加资金提供依据。业务单元得以继续经营产生经济价值的方法，就是使投资收益率比资本成本要高。

②企业评估内部经营的业务单元资本经营效益是企业按照预期收益风险变化，动态地将资本结构进行调整的依据。企业预期的收益稳定，可通过将高成本股权资本降低，以及使长期债务增加来降低加权的资本成本。

③企业评估内部经营的业务单元资本经营效益是企业受到资本市场评价，评价其资本是否保值增值，有没有为股东创造价值的指标。此外还要注意，评估企业整体价值时使用贴现现金流的方法时，要估算其资本成本。

各种长期资金成本即个别资本成本，其中都包含了普通股成本、债券成本、长期借款成本和保留盈余成本。在计算债务资本成本时，需要考虑所得税的影响，债务利息要扣减企业实际少交的所得税。

企业内全部长期资金的总成本即综合资本成本，多数情况下是由全部资本中各资本比重为权数，给其他一些资本成本以加权平均来确定的，所以也可以称之为加权平均资本成本。

三、投资项目的附加经济值

20 世纪 80 年代初期，美国思腾思特（Stern Stewart）财务顾问公司推出了反映企业资本净效益的经济附加值（简称 EVA）指标，即投入资本收益扣除资本成本后的资本净收益率与投入资本总额的乘积。一种新型的衡量公司业绩的指标为经济附加值，其将上述很多传统指标的缺陷都进行了克服，且较为准确地将公司在一定时期内为股东创造的价值做出了反映，并在 90 年代中期后开始在国外广泛应用起来，作为重要补充存在于传统业绩衡量指标体系之中。在资本获得的收益中，至少要做到将投资者承担的风险予以补偿，这是 EVA 的基本理念，也就意味着股东最少要赚取与资本市场上类似风险回报相等同的收益率。在文化企业的投资、兼并收购中，首先要对投资对象公司的价值进行客观的评估。

作为应用经济附加值指标的第一步就是计算经济附加值。无论公司还是项目，每一年创造的经济附加值都与全部资本成本、税后净营业利润间的差额相同，这里的资本成本包含了股本资本成本和债务资本的成本。实务中，相对来说较复杂的是经济附加值的计算问题，主要有两方面原因：首先是在对投入资本总额和税后净营业利润进行计算时，需要适当调整某些会计报表科目的处理方法，以此来消除按照会计准则编制的财务报表扭曲了企业真实情况的问题；其次是确定资本成本时，要对资本市场的历史数据加以思考。因为不同国家的资本市场现状与会计制度都是不同的，因此用来计算经济附加值指标的方法也都各不相同。计算经济附加值的结果主要由资本总额、税后净营业利润和加权平均资本成本所决定。

（一）资本总额

所有投资者在公司投入用以经营的全部资金账面价值指的就是资本总额，其中还包含了股本资本与债务资本。股本资本除了有普通股之外，还有少数的股东权益；而债务资本指的则是债权人所提供的长期或短期贷款，但不包括应付单据、账款或是其他应付款等商业信用负债。因此资本总额还可以理解为公司的全部资产减去商业信用债后的净值。而且，在对资本总额进行计算时，可以相对调整部分会计报表科目，以此对扭曲了公司真实投入资本的方面进行纠正。实务中不仅可以对年初的资本总额予以采用，还可以采纳年初、年末的资本总额平均值，且大型的文化项目一般涉及的还有多期滚动投资，这时就需要按照项目实际投资对公司经营的账面资金进行相应调整。

（二）税后净营业利润

税后的净利润与利息支出部分相加就是税后的净营业利润，同时也是公司的销售收入，与利息支出外的费用与全部经营成本相减后产生的净值。所以从实际上说，其公司经营在与资本结构无关的情况下，得到的全部资本的税后投资收益，是公司资产赢利能力的体现。文化企业的销售收入可能提前或者滞后于经营成本和费用的发生，因此，需要根据业务的不同性质加以调整。例如培训企业的收入通常要发生在项目开始之前，收取各种培训费用，而相关的成本费用支出，如支付劳务和场租等，要发生在培训项目之后；而电影项目收入虽然可以根据发行合同加以确认，但是实际上这是在电影发行之后，前期会有大量的成本支出。而在网络游戏连锁经营中，会发生游戏点卡、加盟特许费、广告费的多项经营收入现金流。会计准则对文化企业各项收入和成本所确认的时间关系，有时不能反映项目的实际现金流情况，需要对其做出调整。

（三）加权平均资本成本

加权平均资本成本是根据债务和股本在资本结构中各自所占的权重计算的平均单位成本。大型的文化项目通常会从不同的融资渠道获得资金，包括银行的贷款、风险投资和股权融资等，这些投资者对投资回报有不同的要求，因此，不同资金来源的资本成本是不同的。例如一部电影的制作，会通过银行获得授信或者抵押贷款，可以通过溢价方式出售电影的股权，也可以动用企业的自有资本金，作为制片人需要根据项目的资金需求状况和总体经营目标，对资本成本进行控制。

四、文化产业的投资管理控制

文化产业的投资管理控制，主要是对投资项目计划的执行、人员组织、成本、进度和风险的控制。有关内容将在文化产业项目管理中加以介绍，这里主要分析一下文化产业投资管理中，由于市场的不确定性而需要注意的几个问题。

（一）项目沉淀成本

已经使用过且回收不了的资金就是指沉淀成本，这项成本对项目的财务分析决策并不会有影响。分析项目财务时，首先要考虑的是当前的项目是不是可

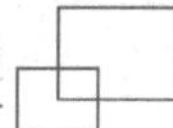

以从中谋取利益。很多失败的财务项目没有建成并且一直亏损的原因，就是决策者们始终惦念已流失掉的，不考虑继续经营可能产生的亏损扩大。

（二）机会成本

在对项目现金流量进行计算时，需要考虑的不仅只有直接的现金流入与流出，还有直接现金交易所产生的机会成本。例如，电影项目会要求具有一定面积的场景存在，且刚好企业中有相同面积的闲置场地。从表面来看，占用库房并没有任何的现金流出，但其实不然，若是企业是将其对外出租，而不是将这部分库房用作项目投资的话，是可以得到租金收入的，这就代表了项目投资的机会成本。

在项目投资中，要将这一收入和另外建场地的成本加以比较。再如在上述锦绣中华微缩景区、中国民俗文化村合并工程中，除了要考虑改建后新项目的收益之外，还要对维持原来两个项目的经营所产生的现金流量进行评估，将这个机会成本与新的项目加以比较，才可以正确评估投资的价值。

（三）关联性

任何项目都不是孤立发生的，文化产业产品之间的相关性比较强，一个项目的投资往往会影响公司的其他项目。若是老项目在新项目中降低了现金的流入，那么在对新项目的现金流量进行分析时，就要将造成老项目现金流量损害的问题加以思考，而最后产生的净现金流量是这两者之差。例如在影视城中新建一个场景，不但要考虑到新的场景可能发生的投资成本和收益，还要考虑到新的场景可能对影视城整体在吸引参观游客等方面的收益增加。

在竞争市场环境考虑竞争对手也会推出类似项目时，就要调整现金流并采取相应的措施。例如，同样为贺岁大片，《功夫》和《天下无贼》在同一档期上映，必然会相互影响。因此，制片方必须对项目的关联性做全面的分析，策划全面高效的宣传和营销方案，充分利用项目关联带来的有利因素，避免项目关联的不利因素。这两部影片由于在宣传方案和营销控制方面的互动，不但没有造成恶性竞争而且双双创造票房超亿元的收入。

（四）选择权

1. 推迟或等待

项目在实际实施过程中，当项目前景并不明确时，项目经理有将投资推迟一段时间的选择权，这样做的好处在于能够获取充分的信息对项目进行更加全面和准确的评估，降低投资的风险。这种情况在数字文化产业等高新技术和高风险的行业比较普遍，例如在数字电视的编码标准和传输标准不明确，市场存在多个标准共存的情况下，对于该行业的投资就会面临标准和技术变化造成项目投资难以收回的风险。

2. 增资减资

这是指在需求变动时改变经营规模的选择权，即如果在最初获得成功，可以进一步增大投资，而如果需求缩小或者风险增加，可以减少投资。例如数字电视，虽然标准不明确，但是可以采取分阶段投资的办法，根据技术和标准的发展来决定在什么时机增加投资。这样既可以把握市场机会，也不至于承担过高的风险。文化产业尤其是网络文化产业市场风险较大，项目投资大，往往采用合作的方式分担风险，如果合作方出现问题，企业通常要保留一定的投资退出选择权利。例如，微软为了与索尼抢夺游戏市场，与电子艺界公司合作开发Xbox Live游戏，但是一方面由于微软要求的控制权过多，并且不愿为使用这些游戏而向电子艺界公司付费；另一方面由于电子艺界公司在若干大型网络项目上失手，再次进入这个市场时选择一种比较稳健的方式无疑更为明智，所以公司认为选择投入拥有超大基数用户群的索尼阵营无疑胜算更大。在2003年初，电子艺界公司最终宣布退出微软Xbox Live游戏开发行列。

3. 调整

在资源价格发生变动时改变投入构成的选择权。投资计划的实施过程中，可能会发生项目投入资源和材料价格变动，需要投资管理者及时地作出应对策略，对计划加以调整。文化项目的投资，不但在项目投入的物质材料方面，而且在人力成本、版权成本等无形的投入资源方面会发生价格或者质量等变动。例如，一部电影的投入，如果原先选定的演员在身价方面提高，或者演员不如预期的理想，或者剧本作者提出过高的要价，制片人必须对项目的成本全面负责，要保留更换演员和重新改写剧本的选择权利。

第三节　企业投资的模式

企业投资模式是企业如何将资金投放和启动投资项目，从而完成投资预定目标而采取的形式。一般投资可以采取项目孵化、直接投资、并购、合资等方式。

一、项目孵化

项目孵化，是指将投资对象在公司内部作为一个发展项目进行投资。这一投资方式适合于处于种子期和导入期的文化产品，处于市场导入期的文化产品存在较大风险，市场发展趋势还不确定，在这一时期，如果企业一次性投入过多资源，将会承担很大的投资风险，所以可以采取项目孵化的方式，在内部组织项目小组，投入少量资金，进行前期的项目开发和市场推广工作，根据项目进展的情况和市场决定是否进行进一步投资。例如，目前电视台付费节目频道的市场不成熟，其主要原因一是节目内容的同质性高，二是节目版权得不到保护，三是电视台属于国有经营，在合资等问题上存在制度限制，难以引入资金。由此造成愿意按节目付费的消费群体不大，付费频道大多处于亏损状态。但是，从国际电视业发展的趋势来看，付费节目频道以后很可能成为电视台的重要收入来源和业务拓展方向，因此，可以作为未来发展战略的投资，在内部进行项目孵化，在市场机会成熟后，再剥离出去成为一个独立的实体。

项目孵化还可以用于企业战略性的投资，文化企业可以根据市场的发展趋势，找准几个具有发展前景的项目，同时开展多个项目孵化，整合一批高效运作的项目资源，储备一批有发展前景的项目，作为企业未来战略投资的选择方向或者战略转型的突破口。

二、直接投资

直接投资方式是建立项目子公司。这种投资方式适用于市场需求比较成熟、产品竞争力较强、企业掌握着该产品的关键性资源，能够迅速打开市场局面的企业。这种投资模式可以迅速地进入所投资的文化产品市场，建立市场竞争优势，扩大公司的规模。由于企业直接投资，母公司对子公司掌握完全的控制权，没有外部投资者和经营者的干预，从而避免了不必要的利益冲突和委托代理的问题。

这种投资方式不需要企业投入大量的资金用于文化产品生产、人员聘用和市场开拓，投资的风险较大。一般用于介入相关性的产业或者熟悉的产业，对于非相关产业或者不熟悉的产业，企业缺乏相应的市场和管理经验，失败的可能性较大。

三、并购

企业可以通过并购的方式获取投资项目的资源。所谓并购，就是收购和兼并的总称，它是企业资本在运营时的重要方式，也是通过对公司控制权与所有权进行转移，促使企业的业务进一步发展与资本扩张的重要经营手段。并购的实质是一个企业取得另一个企业的财产、经营权或股份并使一个企业直接或间接对另一个企业发生支配性影响的行为。文化产业中最为常用的方式就是企业利用品牌、市场、资金、管理等优势进行并购活动。

四、合资

合资也是文化产业投资一种常用的方式。这是两家或者多家企业，利用各自所拥有的资源优势，进行优化组合，共同组建公司进行文化产品的投资生产和销售。企业采用合资的方式，可以决定自己是选择采用控股还是参股的形式。

控股是指发起人是企业，并由其发起成立创业公司，且让公司在其中占有相对的或绝对的控股地位。此时，通常投资方向与该企业的发展方向一致，企业控股的目的是从企业战略的角度出发的。其优点有：第一，可以充分利用自身在行业中的优势，使成功的可能性变得很大；第二，以小博大，并需要拥有公司的重要发言权，以此对更多的资金加以控制；第三，对风险加以利用，可以对自身优势进行强化以及延伸至其他领域中去，将风险分散。

参股的方式，是指企业的目的并不是控股，而是联合风险投资公司与其他企业共同成立创业公司，且公司份额维持在百分之五十以内，这种方式一般适合资金实力相对不强的公司。其优点有：第一，出资额可大可小，灵活性强；第二，企业不用投入过多的精力来管理创业公司；第三，由于投资额小，投资风险对企业主营业务的影响相对较小。其缺点是拥有较少的发言权利，一直处在被支配地位；对全面提升公司主营业务科技实力、改变业务方向并没有很大好处。

第四节　融资工具与金融市场

一、融资工具

内部融资与外部融资这两个渠道是作为公司的主要资金来源存在的。公司自有资金与生产经营中产生的资金积累部分即指内部融资；而外部融资可以被分成通过资本市场筹资的直接融资与通过银行筹资的间接融资，其中直接融资又包含了股权融资与债券融资。

从各种融资方式看，内部融资是不需要对外支付实际利息或股息的，公司的现金流量也不会有所减少；与此同时，资金是来自公司内部的，且不发生融资费用，外部融资也始终高于内部融资的成本。因此，这种融资方式也是公司的首选。

西方的发达国家金融市场在长期发展与演变过程中，已经拥有了较为完善的公司制度。在融资方式的选择上，英美等国的公司大多都遵循着啄食顺序理论，这一理论即公司的内部融资要在债权融资之前形成，而债权融资在股权融资之前这样的先后顺序。

（一）股权融资

投资商将投入的资金换成其在投资公司的股份的行为就是融资。股权安排既要适合被投资企业将来的发展，又要尽量降低投资商的资金风险。根据其对风险与收益的不同偏好，投资者可以选择以下几类股权形式：普通股（Ordinary Share）、优先普通股（Preferred Ordinary Share）、优先股（Preference Share）。

股权融资活动一般要经过四个阶段：前期，企业要选择股权融资的财务顾问，与有关投资咨询公司或者财务公司建立合作关系，而且还要与财务顾问一起完成中文与英文的商业计划书及公司的募集资金用途说明和财务预测等；第二阶段是与潜在投资人见面，并请潜在投资人做初步调查；第三阶段是在财务顾问的参与下，投资与融资双方磋商商业条款，最终签订投资条款；最后，再由会计师和律师在财务顾问的主持之下，进行投资协议的起草到定稿等一系列程序，在此过程中，需要确定公司估值、投资比例、投资人优先保护条款、管理权归属等重大问题，且需要各方最终签署投资法律文件。另外，在这之后的一到四周之内，投资方会往公司的银行账户内汇入投资资金，之后公司会增加新股给予投资人，直到交易成功。

我们还应注意，在股权的融资过程中，文化产业有着独特的意识形态属性与文化意义，且在一些行业之中的股权融资，特别是外资进入后会出现一定的限制。

（二）债权融资

债权融资的方式主要有贷款、过桥贷款、企业债券、可转换债券。

1. 贷款

贷款这种融资方式是我们经常会见到的。银行贷款与政府专项资金贷款是文化企业的贷款资金来源。政府常常会制定专项的贷款政策来扶持文化产业发展，我们常见的有项目补贴、奖励、配套资助和银行贷款贴息等。并且，文化企业想要资本运作，可通过银行信贷市场来获取发展时需要的资金，常见的有抵押贷款与信用贷款。银行通常采用多种方式考察企业贷款能力，包括分析财务报表、企业经营状况和现金流、企业主要股东的信誉等。

对于文化企业来说，有融资需求的想法往往是因为特定的项目。比如，好莱坞的电影产业，其制度采用的是独立制片人，同时也是整个项目的核心，基本上每一部电影向银行贷款时，依靠的都是制片人与剧本的名气，再经过保险公司的担保获得资金。

2. 过桥贷款

过桥贷款是指在收购公司未将资金完全收集到时，为了收购活动可以顺利进行，过渡性贷款会由投资银行先行提供。提供过桥贷款对投资银行来说是有一定风险的，因此投资银行都会设定一定的限制。在企业并购以及建设主题公园与开发景观地产等大型项目上，通常会采用这一贷款形式填补缺口。

3. 企业债券

企业债券属于直接融资，多以中长期为主。为了吸收社会闲置资本，债券融资者会将发行利率设置得比现行银行同期储蓄存款利率都要高。如果债券发行企业信誉好，社会知名度高，则可相应降低利率；反之，则相应提高利率。现行银行同期储蓄存款利率是公司债券利率的下限。

4. 可转换债券

可转换债券具有股票和债券的双重属性，是发行人依照法定程序发行，在一定时间内依据约定的条件转换成股份的公司债券。

例如，2004 年 7 月新浪宣布发行总面额达 8 000 万美元的无利息可转换债券，该债券以私募形式发行，在特定条件下可转换为新浪普通股，转换价格约为每股 2 579 美元。紧随其后，搜狐于 7 月 8 日宣布在纳斯达克发行总面额达 7 000 万美元的可转换债券，债券的到期收益率为零，并可以按每股 44 376 美元的转换价转换为搜狐的普通股。7 月 9 日，网易也正式宣布发行高达 7 500 万美元的可转换债券。

（三）夹层融资

夹层融资（Mezzanine Finance）英文原意中的 Mezzanine，是指剧院中一楼和二楼之间较小的厢座夹层，顾名思义是一种处于股权和普通债务之间的一种融资方式。这一债权会需要有相应的认股权证，投资人会按照触发条件或是之前约好的期限，用先前已经确定好的价格将投资公司的股权买入，或是把债权换为股权。换句话说，我借一笔钱给你，一方面你需要不断还本付息，同时在一定条件下，我们可以将剩余的债权按事先定价转换成股权。

一般情况下，当文化企业处于高速成长期，文化项目的资金需求十分大的时候，采用夹层融资要比风险投资好。因为风险投资要求拥有一定的公司控制权，对公司干预程度较大，要求的回报率也比较高，而夹层融资一般不要求过多的控制权，因为夹层投资者追求的并不是控制公司，而是想要投资回报。所以，这不是真正地将股权进行转换，而是向想要控制公司的第三方出售权利，比如有收购并购的要约方、上市之前的融资投资者等。

（四）融资租赁

融资租赁也被称为金融租赁。公司与企业不需要自行购买新的设备，而是要向租赁公司，以付租的形式借用设备。一般常见的方式是，按照企业选定好的设备，出租公司对其进行租赁或是购买，之后再出租给企业。比如，在出版印刷业中，印刷设备的优点有通用性强、使用寿命长和不易移动等。非常适合融资租赁，通常可以采用融资租赁的方式；再如，像演艺和影视产业中的很多大型摄影道具器材的融资租赁等。

（五）杠杆收购

1. 杠杆收购的概念和特点

杠杆收购（Leveraged Buyout，LBO）的融资方式与普通收购的方式有明显不同，借贷资金是杠杆收购的资金来源。这里提到的杠杆就是企业的融资杠杆，是企业中股本和负债的比率反映，并且发生这一作用的支点，是企业预付给货款方用于融资的利息。

杠杆收购的一般融资结构有下面几点：①优先债券是由银行提供，抵押企业资产的贷款，大约占收购资产的百分之六十；②债券约占收购资金的百分之三十，其中包含了优先股股票、可转换债券和次级债券等；③对所有者权益有所体现的普通股股票，约占收购资金百分之十，属于购并者用自有资金投入到目标企业之中。这样的融资结构意味着，由于每单位利润有着固定要承担的利息支付，所以企业的盈利一旦有所增加，就会使每股收益上升。

此外，购并企业在进行杠杆收购时的对外负债，其担保者是目标企业，而并不是本企业的资产或收入。杠杆收购的负债有很大风险，因为其偿还的来源是经营收入或以目标企业的资产为抵押，会造成企业负债率大幅度上升。此外，杠杆收购过程中，还涉及并购企业之间的资源整合问题，如果两家企业之间存在较大的产品特点、管理理念、经营模式差异，那么资源整合的风险对投资的影响很大。2000 年，成立不足十五年的美国在线公司利用杠杆收购，并购了全球娱乐及传媒巨人——时代华纳，上演了一出蛇吞象的故事。但同时，它也被冠以“经典的失败合并范例”的称号。两家公司处于新、旧经济两个不同领域，不同企业文化的磨合问题在一开始并没有得到新管理层的重视。不同的管理理念、经营方式使得合并后的新管理层争端不止。

2. 实施杠杆收购的外部市场条件

投资银行等市场中介组织在杠杆收购融资中起到了非常重要的作用。市场中介组织以投资银行为主，对于杠杆融资来说有重大作用。因为杠杆融资很大程度上依赖的是外部融资，所以是有较高风险的，想要完成只有靠金融组织的强大支持。很多商业银行常常不会选择高风险投资，只有投资银行愿意为了获取丰厚回报而承担高风险，并且投资银行愿意提供服务，因为其除了可以获得高利率的回报之外，还可以获得巨额的佣金。

发达资本市场为杠杆收购融资提供了有力支持，外部融资是杠杆收购的核心。其中，投资银行会提供间接融资，而直接融资形式包含了债券中的优先股股票、可转换债券与次级债券，对资本市场的发展有着严重依赖性。首先，企业使用金融工具进行筹资要得到资本市场的允许，并有着相应制度安排与市场环境；其次，投资者还要利用资本市场分散风险，尤其是在资本市场中需要杠杆收购的大环境，完成其信任预期。

（六）BOT 项目融资模式特点

BOT 是英文“Build-Operate-Transfer”的简称，即“建设—经营—转让”，这种项目融资方式，是由项目公司建设与筹建的公共基础项目。特许期间内，项目公司要对该项设备进行运营与维修，且为获取合理利润，需要提供产品与收取服务费用、回收投资与偿还货款等。等到特许期一过，项目就会移交给东道国政府，且是无偿的。这一方式的吸引力在于，首先可以使项目建设的初期投入有所减少；其次是吸引外资和新技术，提高并完善项目管理水平。例如我国一些地区的国际知名旅游饭店管理集团通过 BOT 方式进行的酒店建设与管理，还有我国某些地区由于财政紧张，在大型文化旅游项目开发中采用对外 BOT 融资方式等。

此外，项目经营者在该融资模式中，从项目所在国那里获取了经营和建设项目的特许权，并组织了项目的生产经营和建设，还为项目开发必需的技术与股本资金提供支持，承担了项目风险并从中获取利润。

同时，项目中的经营者与直接投资者也注入了相应的股本资金，对经济责任与风险也有所承担。且这些股本资金能够促使公司与投资者在项目建设中完全按照预算与施工计划进行，会更加有效地促进公司经营项目；股本资金的投资人是投资集团对项目经济效益的代表，对于项目前景的看法，以及贷款银行为项目在融资方面也起到了推动作用；另外，项目的债务承受能力也随着股本资金的投入而有所提高，尤其是项目的经济效益较预期相比有较远差距时，可以形成垫底的作用，也使得项目的经营风险减小了。

二、金融市场

金融市场也被称为资金融通市场。也就是指资金的供求双方在经济运行时，为调节资金盈余使用了各种金融工具，这概括了所有的金融交易活动。资金融通也叫融资，我们常见的有直接或间接融资两类。直接融资就是指资金的供求双方直接进行的资金融通活动，即在金融市场中，有资金需求的人筹集资金，投资方 ·般是社会上有资金盈余的个人和机构；间接融资指的则是通过银行进行资金融通的活动，即在银行等金融中介机构中，有资金需求的人利用申请贷款等方式进行融资。

构成金融市场的方面非常复杂，是由很多不同的市场共同组合而成的。但金融市场往往会按照交易工具的期限进行划分，分为资本市场与货币市场两类。

资本市场是融通长期资金的市场，涵盖了证券市场与中长期信贷市场。证券市场的作用主要是证券的发行与交易进行融资，包含了股票市场、债券市场、融资租赁与保险市场等；而中长期信贷市场则是工商企业与金融机构间的贷款市场。

货币试产则是融通短期资金的市场，其还可以进行进一步划分，分为若干个不同的子市场。包含了商业票据市场、短期政府债券市场、金融同业拆借市场与银行承兑汇票市场等。

第七章　当代文化企业的价值评估

近年来我国不断强化支持文化产业发展的政策，随着我国未来经济发展方式的转变，文化产业必将成为我国经济发展的支柱产业。本章主要探讨了文化资产的价值属性，以及文化企业资产的构成与特点、赢利模式、价值影响因素和评估方法与适用性。

第一节　文化资产的价值属性

一、文化资产的基本概念

文化资产承载着文化，这一特点是其区别于其他资产最主要的标志。从广义上来看，文化主要是指人类在认识世界、改造世界的过程中所形成的一切精神成果和物质成果的总和。文学资产不仅具备经济学资产属性的内涵，还具备了特定的文化属性。文化资产所承载的文化内容包括以下几个方面。

①观念意识。例如，哲学、宗教信仰等。

②精神产品。审美情趣、学术思想、艺术、文学等。

③生存方式。政治、法律、社会制度等。

④行为模式。人际交往、习俗、礼仪等。

文化内容需要各种物质载体，其中包括可体验的、可感知、可触摸的各种文化形态，例如古玩、建筑、舞蹈、绘画、服饰、戏剧、音乐、书籍等，因此，能够反映观念意识、精神产品、生存方式和行为模式的内容，并且具有资产内涵属性、以文化形态存在的都属于文化资产。

二、文化资产的属性特点

（一）文化资产的信息价值属性

文化的本质是指固化为人类知识的信息集合，文化资产的本质是一种信息资产，即通过介质载体传送的现象、事件和事物的状态消息，例如图像、符号、数字、文字、语言等。人们通过收集信息来认识世界，因此信息具有指代性和交流功能。

文化资产从广义上来看是一种文化信息，它具有信息的全部要素，并承担了信源的角色，文化信息载体主要是指承载文化信息的各种文化形态。

1. 共享性

信息的传播并非是移转性的，而是扩散性的，因此信源不会因信息的传播而消失，信息也不会因使用而减损，由此可知，信息具有非排他性和共享性。由于信息资产复制传播成本远远低于初始创造成本，所以必须对初始信息创作者的权益进行保护，进而产生了维护工业知识产权、文化知识产权的法律，这一举动给予了信息资产权利资产的属性。

2. 时效性

信息可能因过时而失效，而重复的信息和过时的信息是没有价值的，因此，立法对知识产权有保护期的限定。文化资产同样具有时效性，但艺术类文化资产是个例外。

3. 复现性

信息可能在传播的过程中衰减，也可能会因为受到其他元素的干扰而失真，因此为了信息保真，通常在编码时信息会产生一些能够增强信息健壮性的冗余信息。信息在传播过程中会受各种因素的影响产生一些附加信息，在解码时必须对信息进行检索、除噪、识别、复现等。由于文化资产的信息复现过程包含了消费者的再创造，因此这一阶段是最为复杂的。

4. 载体的依附性

信息是无形的且因载体而固化，因此不能离开载体而单独存在，使载体成为信息的存在形态，同时也体现了信息对载体的依附性。这种依附性不仅可以使同一载体承载不同的文化内容，也可以使同一内容信息依附在不同的载体上，实现了不同文化形态间的转换，例如，动漫可以被改编为电影，小说可以被改编为戏剧等。信息载体因承载了信息而具有了信息价值。文化资产是作为信息资产进入企业的，文化产品是文化信息的物质载体，文化服务是文化信息的行为载体。文化资产价值通过文化产品价值和文化服务价值而体现。

（二）文化资产的效用价值属性

根据效用价值理论可知，文化资产价值是效用价值的其中一种，并且效用的高低决定着物的价值大小。文化资产的效用体现在其满足消费者文化需求的能力上。

主客观价值的统一是效用价值论最主要的观点之一。人们的需求是否得到满足是人的主观感受，而效用则是物的客观属性，因此效用价值是主观价值和客观价值的总和。想要实现物的效用，必须使主观价值达到统一，重视消费者的支付意愿是效用价值论的关键。与其他资产相比，文化资产更依赖于消费者的艺术偏好、审美趣味和文化素质，导致文化资产十分强调主观价值。

第二节　文化企业的资产构成与特点

一、文化企业的资产构成

目前我国大部分文化企业属于轻资产类型企业，从文化企业价值创造的过程来看，文化产品的真正价值源泉是无形资产，如著作权等，同时也是文化企业的核心贡献资产。

与其他物质资产相比，文化企业是为人们提供文化服务的一种设施，例如剧场、演出服装道具、电子网络、印刷出版设备、广播影视设备等。

与其他非文化企业相比，文化企业最大的特点是某种意识形态与物质资产生产过程中表现出的统一性。大部分文化资产并没有实物形态，但却潜移默化地影响着文化企业的生产经营。

二、文化企业的资产特点

（一）文化企业的核心资产是无形资产

由于文化企业主要是通过知识资本的投入来实现企业的价值和文化内容，因此可以将文化企业划分为知识密集型企业。与固定资产等实物资产相比，文化企业知识资本的投入比重远远高于实物资产所占比重。这种固有的资产配置结构决定了文化企业中无形资产所占比重较大的固有属性。由此可知，文化企业的核心资产是通过研究和开发而形成的无形资产，例如特许使用权、著作权、非专利技术、商标权、专利权等。

（二）文化企业的资产价值具有不确定性

文化企业所具有的无形资产价值决定着其企业资产价值，具有很强的知识产权附加值，因而大部分文化企业资产都具有价值波动大的特点。例如，在同样的制作规模和制作成本下，不同电影的票房收入可能差距很大。在国内存在许多大制作电影的票房远不及小成本电影的例子，电影上映前都会有许多专家、学者对票房进行预测，但准确性并不高。

由于无形资产在市场中很难找到其替代品，因此具有独占性和独创性，同时无形资产的市场价值由于没有相近的价格可参照，导致其市场价值较难确定。除此之外，替代品的出现、产品的市场接受程度、新技术的发展更新、市场竞争力，以及宏观政策等制约着无形资产的经济寿命和赢利能力，使其表现出一定程度的不确定性和不稳定性，为确定无形资产价值增添了难度。

（三）文化企业资产的权属关系复杂

例如电影的各个权利主体分别掌控着电影的放映权、发行权和著作权，并且在一定条件下会出现权利范围交叉、重叠的情况。当出现需要以电影的相关权益作为抵押进行贷款时，银行往往会因为无法理清各个权利主体之间的复杂关系导致难以放贷。

（四）文化企业资产的生命周期具有特殊性

一般情况下，文化企业资产的价值主要是由无形资产决定的，很多文化企业资产存在价值衰减快的情况。

以电影产品为例，票房收入是电影收益的主要来源，许多电影也会出售给一些线下机构，例如网络媒体、音像公司、电视台等，但收益甚微。由于电影的档期时间较短，一般控制在 1 ~ 2 个月，导致票房收入只集中在档期间，存在波动大、时间短等特点，个别电影在退档后还会有机会再次放映，但再次放映的收益较少，甚至可以忽略不计。由此可见，电影著作权价值的生命周期十分短暂，且衰减速度快。

除此之外，也有一些不符合经济学中边际效应递减规律的文化企业资产，由于这类资产在一定条件下存在边际效应递增的情况，因此对其价值的准确估计十分困难。

第三节　文化企业的赢利模式

一、产品赢利模式

（一）专业化模式

企业在初创时期往往表现出某些方面的专长，充分挖掘其专长能迅速在市场上占有一席之地，专业化企业通过其产品的低成本、高质量、良好的声誉以及更高的资金使用效率而获利。文化企业在日常的经营中，围绕建立文化产品差异化或附加值领先的核心竞争力对所有经营要素进行培植与配置，最终通过有竞争性的产品或服务来获取利润，例如，因专注网络游戏开发而成名的盛大网络，因专注网上图书交易而成名的亚马逊等。

以创意和知识为核心是文化企业最为突出的特点，对于处于创业期或是成长期的企业而言，好的创意能使其迅速地切入市场，树立本企业的权威地位，从而达到延长企业生命期的目的。例如，2000 年百度设立了自己的网站，采用企业竞价排名等新的赢利模式，使其成了目前最大的网站之一。

（二）大制作影片模式

文化企业的一个显著特征是其新产品开发的成本通常较高，而开发之后的边际制造成本较低，此时提高利润的最好方式就是在最短的时间内增加产品的发行数量，主要体现在音像企业、书刊企业、影视企业。以美国好莱坞电影公司为例，作为成功实践该模式的典范，其电影通常都是高投入的大制作，加上前期的大规模宣传使其频频创下票房神话，因此，大制作影片模式可以在短时间之内实现赢利。由此可知，企业在市场推广方面必须要结合产品的生命周期，不断拓展宣传范围，提高产品的知名度。

（三）速度创新模式

一般情况下，创意速度是影响企业竞争力的关键因素。使用一个好的创意迅速推出的新产品总会获得超额回报，而不断利用创新者的速度优势，不仅可以在保证高利率的基础上保持行业的龙头地位，还能有效地阻止效仿者的模仿。

（四）利润乘数模式

利润乘数模式是拥有知名消费娱乐品牌企业的一个强有力的赢利武器。消费者往往会关注一个投入巨资建立的品牌，并通过一系列产品的消费对该品牌

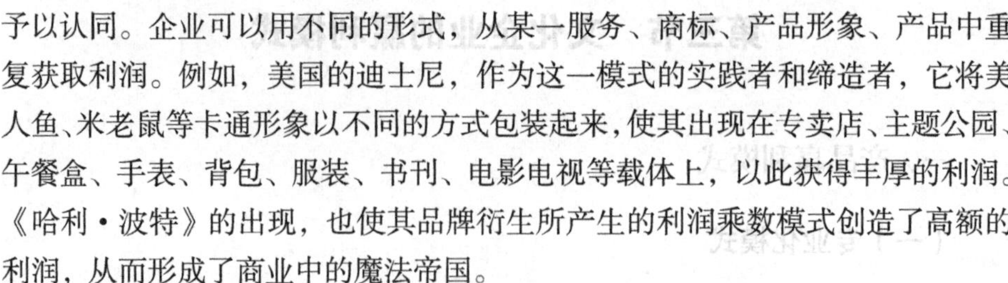

予以认同。企业可以用不同的形式，从某一服务、商标、产品形象、产品中重复获取利润。例如，美国的迪士尼，作为这一模式的实践者和缔造者，它将美人鱼、米老鼠等卡通形象以不同的方式包装起来，使其出现在专卖店、主题公园、午餐盒、手表、背包、服装、书刊、电影电视等载体上，以此获得丰厚的利润。《哈利·波特》的出现，也使其品牌衍生所产生的利润乘数模式创造了高额的利润，从而形成了商业中的魔法帝国。

二、资源赢利模式

可以将文化企业所拥有的资源分为以下两类。

（一）外部获取的资源

外部获取的资源主要包括以下两种。

①特定的行业资源。例如，教辅类和专业类图书、长期以来所形成的市场、依存有关部门资源的国有出版企业。

②企业获得的特许资格。例如，特许营运牌照、出版权等。

外部资源虽然与企业的市场拓展无直接联系，但是它不仅能直接影响企业的发展和规模，还会影响企业的市场地位和占有率。

（二）内部形成的资源

主要包括企业所占有的文化资源、品牌资源和人力资源等。内部形成的资源属于内生性资源，一般情况下会直接影响企业的经营能力。

资源赢利模式，主要体现在资源的重构和整合，通过盘活文化企业资源，将优质资源向优势产品集中，做大做强主打产品，提高市场占有率。除此之外，还可以将物资资源、资金资源等硬资源，与信息资源、文化资源、品牌资源等软资源相结合，进而增强企业竞争力。

三、产业链赢利模式

（一）全产业链赢利模式

以核心文化产品和资源为基础，向产业链上下游延伸，打造具有完整产业链的经营模式，称为全产业链赢利模式。以电视剧为例，以古装剧《武林外传》为产业链的起点，对其进行深度的衍生开发，创造了一系列衍生产品，如玩具、话剧、动漫、电影、图书、网络游戏等。

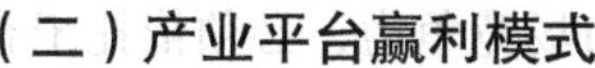

（二）产业平台赢利模式

通过现实的产业平台获得利润的模式称为产业平台赢利模式。以苹果公司为例，该公司在保证 IT 产品正常生产和销售的前提下，建立了虚拟的产业生态圈，并通过其不断地推陈出新，使此平台成了重要的收入来源。现实产业平台主要是各种文化产业园，通过产业要素和资源的聚集赢利。

文化产业园必须具备以下两个条件才能形成赢利模式的平台载体。

①产业链形态的有效集聚。

②企业总部的规模集聚。

（三）跨产业链赢利模式

从横向融合来看，跨产业链赢利模式主要包括以下几个方面。

1. 跨媒体经营赢利模式

近年来，越来越多的企业开始采用跨媒体经营赢利模式。文化企业利用不同的平台和多家媒体进行的经营活动称为跨媒体经营赢利模式。这一模式不仅能以较低的成本最大限度地扩大企业利益，还能进一步扩大赢利的范围。

2. 文化产业与旅游地产融合的赢利模式

合理地将地产、旅游与文化相结合，从而达到提升旅游地产的文化附加值的目的，产生高额利润回报。例如华侨城、万达等。

3. 文化产业与制造业融合的赢利模式

在产品制造过程中，文化企业必须大幅度提升其创意、艺术和文化的含量。

第四节　文化企业的价值影响因素

一、文化企业价值的影响因素分析

（一）影响获利能力的内部因素

1. 文化企业的创新性

文化企业与其他企业的最主要区别就是其发展与人的创意密切相关，创意渗透在其产品乃至经营的方方面面。创意精神是文化企业不断推陈出新、创造价值、取得发展的关键。例如，网络运营企业为了赢得更多的客户群体，必须不断创新其赢利模式；新媒体企业为了提升其市场竞争力，必须依托于有创意的经营模式；影视企业为了取得持续的发展，必须依托于有创意的编剧、导演，以及演员等等。

针对文化企业的创新性，评估人员在开展文化企业价值评估时，必须注意两个方面，一方面需要注意被评估企业是否具有创新精神的员工，另一方面是是否具有维持创新性的内部机制。对于创新性机制的考察，不仅需要调查企业主要贡献人员的变动情况，还需要调查该单位对创新人员的奖惩机制，除此之外，了解具有创新贡献的员工对目前工作的满意程度，以及对目前企业创新氛围的改进想法也是调查的重点。

2. 文化企业经营的独特性

文化企业具有其独特的核心价值区域。例如，对出版发行企业进行评估时，必须重视内容的吸引力、作者知名度等；对电影发行企业进行评估时，必须重视演员阵容的配备、受众的心理接受程度等；对网络运营企业进行评估时，必须重视关注客户的质量等。

除此之外，还存在一些特殊情况，例如，可以从不同的关注点出发，对网络运营企业进行评估，其中包括关注产品应用、关注即时通信、关注资讯、关注网络游戏等多个方面。

企业的核心价值通常会反映在企业经营的特殊性上，因此在对企业进行价值评估时，相关工作人员不仅要搜集同行企业的经营特点作为参考资料，还应进行实地考察，了解该企业经营的特殊性。

（二）影响获利能力的外部环境因素

文化企业面临的外部环境因素包括宏观环境因素和经营环境因素。

1. 宏观环境因素

宏观环境因素可以分为以下三个方面。

①经济环境。经济环境因素对文化企业产生的影响要远大于其他因素，其覆盖面非常广，包括汇率、通货膨胀率、利息率，以及国民经济运行现状及其趋势等。

②政策环境。近年来，国家对文化产业的发展越来越重视，最大限度地对其予以支持，使文化企业的发展前景十分广阔。政治环境因素包括政府管制措施、政府制定的经济政策、国家制定的法规等。

③社会环境。社会因素包括社会各阶层对文化企业的期望、消费者心理、

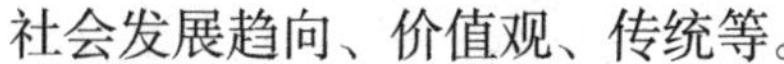

社会发展趋向、价值观、传统等。

2. 经营环境因素

主要是指能够影响竞争状况和行业环境的各种因素，例如行业的关键成功因素、市场竞争力、发展前景、行业的经济特征等。

二、不同类型文化企业价值评估影响因素分析

文化企业的价值在于其获利能力，由于其主要产品在获利形式和途径方面存在着较大的差异，不同类型文化企业价值的影响因素差异较大。其中，出版、影视、音乐和动漫等类型文化企业的价值影响因素最具代表性。

（一）出版企业

出版企业价值的影响因素主要包括外部的经济和政策环境，内部的经营特点和赢利模式。由于著作权是出版发行企业的核心资产，所以有关著作权市场的容量和竞争程度，包括作品的类型、作者的知名度、作品的艺术水平以及作品实现收益的方式、著作权使用区域的社会环境、著作权使用区域的经济环境等；著作权的税收政策；著作权的法律保护力度以及出版业管理体制和管理方式，还有著作权实施的法律环境，著作权的法律保护期限；出版企业附属权经营意识和经营能力；数字出版技术的成熟程度等因素对出版企业的价值的实现都会产生重要影响。

（二）电影制作企业

影响电影制作企业价值实现的因素主要可以分为以下两大类。

1. 外部因素

①电影著作权保护制度。这一制度对电影著作权权利人收益影响最为突出，在盗版严重的环境中，真正的著作权权利人的收益会受到很大的影响。

以美国为例，由于国家对著作权的保护，通常新拍摄的影片只有当上映时间满三年之后，才能被制成音像制品公开发行，或是在各大电视台播放，并且对电影在电视中首次播放的频道进行了规定，即必须在有限付费电视频道播放。这一制度不仅有利于电影产品价值的实现，更保证了各大影院的票房收益，以及电影制片商的收益。

②电影产业的发达程度。电影产业主要是指整个电影生产过程的所有活动内容，例如海外发行、电影播放、广告宣传、前后期制作、影片定位、录像带租借与出售、营销促销、成本管理、案头创作、市场调研，以及相关商品的生

产与经营等。

可以将其划分为五个阶段，即融资、策划阶段，生产制作阶段，发行和集中进行市场营销阶段，影院放映阶段，回收资金并进行后电影产品开发阶段。各个部分的发达程度直接制约着电影价值的实现。

③国家制定的相关法规与政策。国家对电影放映、发行、出口、进口、摄制，以及电影制片公映实行许可制度。发放的许可证和批准文件，不能以任何形式转让、出售、出借和出租；任何单位和个人不允许放映、发行、出口、进口未取得许可证的电影片。除此之外，未经许可不得从事电影片的放映、发行、进口以及摄制等活动。

2. 内部因素

（1）电影的质量

电影质量是影响电影价值的核心因素，制作越精良，越能满足观众的审美需求，其价值就越大。

①电影内容。影片对人物的塑造和对故事情节的塑造一定要丰富，富于激情，只有触动观众内心最敏感的地方，才能获得观众的认可，从而吸引更多的观众观看。

②电影本身所提供的理念思辨性。电影制片人应重视观众所关注的社会热点和憧憬，并将其融合在影片中，使观众与影片的内容产生共鸣，从而得到人们的认同。

③形式、风格、样式和题材。电影是否具有创意也是获得观众认可的重要因素之一。

（2）电影的品牌

电影品牌凝铸着深厚的文化历史意义和人文价值内涵，包括伦理、道德、理想、信心、价值观等。未来的电影市场竞争将不再以企业或国家的形式表现出来，而是以品牌形象的诉求、品牌价值的积淀展现出来。品牌的建立是一个长期的过程，是在企业的不断努力和消费者的多次选择之后形成的，所以电影消费者可以借助品牌选择到适合自己欣赏口味的电影产品。品牌不仅可以帮助电影企业增大市场份额，增强产品的赢利能力，同时还可以帮助企业进行新产品的研发以及新市场的开发。因为在同一品牌的基础上，企业可以开发出不同形态的产品。所有这些产品，都可以使用这个具有市场号召力的品牌。被开发出来的这些不同形态的产品又可以帮助企业进入不同领域的市场，从而获取更大的发展空间。利用同一品牌开发不同产品进入不同市场的经营行为，对电影

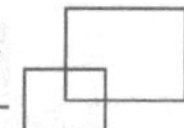

企业实现赢利模式的多样化，从而对整个电影市场的产业化进程都起到积极的推动作用。

（3）电影的市场细分

制片人在选择电影时必须注意以下两方面。

①要判断影片是否适合常规市场。

②要判断电影有没有违反相关的规定。

一般情况下，企业生产能力和资源等问题会导致企业无法满足市场的全部需求。电影市场细分有利于帮助企业判断目前的市场形势，并根据自身实际情况制定相应的策略，从而有效减少生产决策的盲目性。企业进行市场细分，不仅为消费者提供了更多的选择，还使产品在满足特定消费者群体的需求的同时更有针对性，有利于激发消费者的消费兴趣。

（4）电影的生命周期

电影是具有生命周期的，可以将其分为三个阶段。

①导入期。主要指电影上映前，进行电影宣传，这是影响观众接受电影并为之消费的关键时期，在电影市场运作中起着十分重要的作用。

②成长期。主要是指影片在电影院上映到首周末。这一阶段票房主要呈快速增长态势。

③成熟期。主要指周末到电影票房出现明显衰退态势的阶段。与成长期相比，这一阶段的市场势头较弱，但利润的产生依然强劲。到末期时期态势开始逐渐下降，最终到达衰退期。

分析电影产品生命周期不仅能了解消费者对产品的接受程度，还有助于分析产品在市场中处于哪个阶段，从而及时地做出计划调整。

（5）电影销售的时机、范围和人员

随着电影市场的不断完善和成熟，影片上映的档期逐渐成了各个制作人关注的重点，销售时机影响着影片市场效益的成败。

影片的发行范围越大就越有利于增加电影的社会效益。但是，从经济效益的角度考察，影片在什么范围内上映是一个需要仔细考虑的事情。因为上映成本和上映范围保持着正比关系。销售商在确定影片覆盖的市场范围时，必须进行成本核算。如果扩大影片面市规模而增加的收益无法抵消由此而增加的成本，影片销售就面临着亏损的危险。

影片生产者把影片投放到市场中去，应当选择在影片的目标市场上最有优势和相关经验以及合作关系良好的发行商，以尽量保证最佳的社会效益和经济效益。

（三）电视剧制作企业

影响电视剧制作企业与电影制作企业的因素类似，可以分为以下两大类。

1. 外部因素

（1）高科技的发展

技术进步对电视剧生产的作用越来越突出。比如高科技的制作为电视剧增添了许多色彩，逐渐形成了高回报、高制作、高投入的价值实现模式。与此同时，先进的技术总在淘汰落后的技术，落后的或不太先进的技术生产出来的传媒产品的价值实现就会比较困难。

在数字和信息技术的影响下，各个视频播出平台得到极大的延伸。媒体形式包括移动电视、直播卫星电视、手机电视、网络电视、VOD 点播、数字付费电视等。与此同时，金融危机带来的资本压力，以及对著作权保护力度的不断提高，加快了视频网站与电视剧合作的进程。

（2）国家制定的相关法规与政策

电视剧发行机构、电视剧制作机构必须获得相关许可，才能正式进入市场从事电视剧的生产制作和发行，这被称为市场准入。市场准入可以细分为以下两个方面。

①机构准入。主要是指设立电视剧发行机构、制作机构必须接受相关的资格审查。

②电视剧准入。主要是指电视剧的制片人在制作机构形成创意之后，通过立项论证，最终形成公司的项目。之后制片人必须将电视剧创意设计书送审，并备案公示。结束之后，再将电视剧剪辑样提交相关部门进行审查，通过则可以获得发行许可证。

由此可知，电视剧的生产受国家相关法律法规的限制，各个环节均要通过相关部门的审核。

2. 内部因素

①制作阵容。电视剧制作中最为关键的是演员，然后是导演和编剧。好的演员不仅能保证产品质量，也是市场营销中的重要元素。

②内容。电视剧是最受观众欢迎的虚构类的电视节目，电视剧的故事题材、情节和内容都十分重要。当电视剧运用灵活、新颖的艺术表现手法来表现内容时，往往会得到大众的认可。

③观赏性和思想性。电视剧的质量包括观赏性和思想性两个方面。当电视

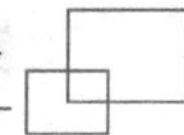

剧同时具备这两个特性时，能有效提高收视率，引起观众的强烈共鸣，并为广大的广告商认可，最终赢得可观的经济效益。在当今这个时代，电视剧想要赢利就必须重视故事内容，使内容同时具备商业性和社会性，这也是影响其价值评估的根本因素。

（四）音乐企业

音乐企业价值的实现，同样受到外部因素、内部因素的影响。

1. 外部因素

（1）科技进步对音乐价值的影响

随着信息技术的发展，网络的高速流通，人们对音乐的需求越来越大，且呈几何倍数增长，方便快捷并且能够免费欣赏的音乐作品深受人们的喜爱。

（2）产业发达程度

具有创作灵感的音乐家是音乐产业的核心，音乐的各个环节都离不开音乐家的各种活动，例如组成音乐产业、制作音乐、创造音乐等。除此之外，音乐产业的覆盖方位十分广泛，除了生产创作环节之外，其覆盖范围包括销售和服务环节的大量参与者（经纪公司、零售商、分销商、出版商等）、音乐发行等。音乐产业的发达程度、健全程度，对音乐价值的增值具有重要的作用。

（3）传播渠道的扩大

与传统广播电视相比，互联网作为流行音乐传播的新媒体具有以下特点。

①每个歌手获得的机会均等，既有挑战也有机遇。

②互联网具有交互性，有效地缩短了歌手与粉丝之间的距离。

③传播更加迅速快捷。

④打破了传播的地域界限。

当今音乐制作环节的费用大为降低，音乐发行和宣传的费用在总成本里占了较大比重。以互联网为载体进行传播活动，使音乐作品更加多元化、丰富化，不仅能在一定程度上简化推广过程，还能有效降低传播成本，解决了因资金短缺无法在传统渠道发行作品的问题。

以移动电话铃声产业为例，该产业为著作权人提供了新的收入来源，并且成了其真正获利的在线业务。近年来，随着数字技术的快速发展，手机铃声的覆盖范围已经扩张至全球，其中包括 MP3、快速网络服务、卡拉 OK、游戏以及彩铃等。

2. 内部因素

①音乐产品具有公共物品属性。音乐作为一种公共文化，会受多种因素的影响，这使其面临着比较高的风险，其公共物品属性更是直接影响着音乐著作权价值的实现。

②音乐作品具有高固定成本和低边际成本的特征。音乐作品的第一份作品成本较高，并且容易失去回收的可能，与之相比，复制音乐作品的成本则十分廉价，导致对经营规模的要求较高。

③音乐产品属于经验商品。一般情况下，消费者只有在了解商品具体的服务和质量之后，才会做出消费选择。所以，生产厂商必须通过特定的途径让消费者体验或试听这些音乐，但试听过多则相当于让消费者免费使用了商品，从而失去了应有的利润。

（五）动漫企业

动漫企业价值实现也受到外部因素和内部因素的影响。

1. 外部因素

近年来，国家越来越重视动漫产业的发展，先后出台了各种扶持政策推动其发展壮大。国家的高度重视和政策扶持有利于动漫价值的实现。

2. 内部因素

（1）动漫产业链的发达程度

可以将动漫产业链划分为以下三种形式。

①漫画作品。即利用报纸、杂志、图书等载体进行原创动漫作品的传播。

②动画作品。将原创动画作品通过网络动漫、舞台剧、音像制品、电视、电影等形式进行传播。

③动漫衍生产品。动漫衍生产品是动漫产业最大的经济来源，通过衍生产品开发和后续滚动再开发，使其形成规模，从而促进动漫产品再生产的良性循环。因此，动漫的价值随动漫产业链的发展不断增加。

（2）动漫产品的科技投入

科技水平的不断创新，推动了动漫产品的研发和其产业的发展。随着人们的需求日趋多样化、多元化，动漫产业作为一项高科技产业，在技术方面做了充足的投入。这种科技的投入需要大量资金的支持才得以实现的。因此，我们在对动漫产品进行价值评估时，应考虑评估对象的科技含量。

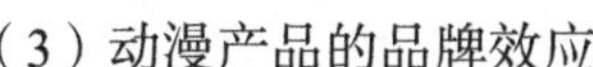

（3）动漫产品的品牌效应

创意是动漫产品的核心，也是打造品牌最强有力的优势。因此，在对动漫产业进行评估时，必须重视该产品的品牌价值。在当前品牌先导的商业模式中，品牌具有诸多优点，例如利润回报高、消费族群大、创新的经营模式，以及高端的商品定位等。

第五节　文化企业价值评估的方法与适用性

一、出版企业价值评估方法分析

经营电子出版物、音像制品、期刊、报纸、图书等出版和发行业务的企业称为出版企业。大部分出版物由于介质不同，使其在多个方面具有不同的特色，并且呈现出不同的价值驱动因素，例如市场环境、政策环境、法律环境等。常用的评估方法有以下两种。

（一）成本法

与其他企业相比，出版企业在无形资产评估方面具有行业的特色，例如著作权、库存商品等。

以图书出版企业为例，其库存商品主要是指已生产、待销售的书籍，因此，对该企业进行评估时，首先要通过一系列调查了解其销售情况，其次根据调查结果对书籍进行划分。通常将书籍分为滞销和正常销售两类，其中对滞销书籍进行评估时，需要根据其定价和变现价值比例确定变现率。

除此之外，由于图书出版企业拥有著作权资产，因此在进行评估时，还应注意评估中是否包含了著作权资产。图书出版企业拥有的著作权包括图书的版式装帧设计、专有出版权、自主著作权等。由于对著作权资产的清查和评估十分复杂，评估师通常会结合评估目的、图书出版发行前景等具体情况，确定不同的评估处理方式。

（二）收益法

采用收益法评估出版企业的价值，一般使用现金流量折现法中的企业自由现金流量模型，即将预期收益进行折现，以确定股东全部权益价值。首先必须了解企业的价值链和赢利模式，传统的图书出版发行一般包括编、印、发、供四个环节，出版企业通过整合读者、作者、投资者和上下游伙伴等资源优势以获取利润。

如果被评估出版企业的业务范围包括图书出版和发行，形成了产业链，则可产生一定的协同效应，即发行环节所掌握的读者消费需求信息反馈给各出版环节后，有利于把握市场热点，优化图书选题，满足市场需求，提高市场竞争力，同时也有利于公司提高运营效率，减少中转过程中的损耗，降低交易成本。

使用收益法评估时需结合出版企业的实际价值链和赢利模式，分析其资本结构、经营状况、历史业绩、发展前景，并考虑宏观和区域经济因素、出版行业现状与发展前景对企业价值的影响，形成未来收益预测。例如，图书出版发行市场可以分为教育出版、大众出版和专业出版三大领域，每个领域的出版物在定价机制、销售方式和竞争格局等方面都不尽相同，进而会达到不一样的利润水平。预测企业的未来盈利时，必须关注其产品构成和分类，并按照相应的市场销售状况和未来发展趋势分别进行预测。另外，出版企业作为文化企业，享有一定的税收优惠政策，例如增值税、企业所得税等，评估时需要关注这些政策变动对企业税赋的影响。

在此基础上，评估出版企业价值还需综合考虑评估基准日的利率水平、市场投资收益率等资本市场相关信息以及出版行业、被评估企业的特定风险等相关因素，合理确定折现率。例如，出版企业所面临侵权盗版现象的影响、选题定位和读者需求出现偏差的风险、数字出版技术发展带来的影响等，都应采取恰当的方式将这些问题反映在折现率上。采用企业自由现金流量模型评估出版企业价值时，为了与收益口径保持一致，折现率通常使用加权平均资本成本（WACC）。

著作权、商标等无形资产是出版企业收益的重要来源，在一定程度上体现了企业的核心竞争力。因此，评估出版企业价值时需要充分考虑全部无形资产的贡献。

二、影视企业价值评估方法分析

（一）收益法

1. 影视企业收益法评估的核心是收益预测

影视企业主要通过电视剧、电影作品的信息网络传播、放映、发行，以及其著作权的销售来获取利润。对影视企业采用收益法进行评估，核心工作就是预测被评估企业电影、电视剧作品的制作及销售能力。

影视企业电视剧、电影等作品的评估受到多方面的影响。影响制作能力评估的因素包括专业管理人员、签约艺人、剧本储备、资金规模、企业品牌等；影响销售能力的因素包括信息网络平台、电视台频道资源、院线放映能力、行业发展趋势、宏观经济环境等。

对被评估企业持续收益能力的合理判断是定量预测的基础。影视企业持续经营，主要依赖于市场认知和新作品的不断开发。市场认知取决于企业品牌建设，新作品的开发则离不开人才。

对影视企业进行收益预测，近期预测需要考虑已储备的剧本、正在制作的影视剧；远期预测，要充分考虑与被评估企业发展战略和发展目标相匹配的人才储备规模，这也是影响企业持续收益能力的重要因素。

由于工作人员必须具有丰富的工作经验和专业知识才能更好地实施剧组管理和作品拍摄等，导致作品的制作十分复杂。其中，人力资源是影视作品制作所需资源中最为重要的战略性资源，同时也是创造影视精品的主体。因此，影视制作企业之间的竞争也可以看作人才的竞争。因此，在对影视企业进行长期收益预测时，需要充分考虑被评估企业人力资源的影响，包括对现有各类人力资源合同的清查，对企业人员进入及流失情况的统计分析，以及对企业人才政策的了解等等。

在重要影响因素定性分析基础上，对被评估企业持续收益能力有一个方向性的判断，然后在此基础上进行定量预测。

收益预测需要考虑影视企业单部作品差异造成收入的波动性。影视剧作品与一般的日常物质消费不同，两者最主要的区别是有无产品的有形判断标准，一般情况下，消费者会通过其主观体验对作品质量进行判断，并且具备较强的一次性特征。

这种变化和特征不仅要求影视产品必须吻合广大消费者的主观喜好，而且在吻合的基础上必须不断创新，以引领文化潮流，吸引广大消费者。影视剧的创作者对消费大众的主观喜好和判断标准的认知也是一种主观判断，只有创作者拥有与多数消费者一致的主观判断，影视剧才能获得广大消费者喜爱，才能取得良好的票房或收视率，符合市场需求。因此，对影视企业来说，单部作品类似于专利产品，作品间较大的差异会造成单部作品收入的波动性。这表现在以下两个方面：一是同年度制作的作品，收入差距较大。根据华谊兄弟财务数据，2016 年其实现销售收入排名前五的电影作品中，排名第一的收入是排名第五收入的 2.2 倍。华策影视 2016 年实现销售收入排名前五的电视剧作品中，排名第一的收入是排名第五收入的2.5倍。二是不同年度收入波动较大，也是由单部作品收入波动所造成的。华谊兄弟、华策影视近三年电影、电视剧收入及作品数量数据显示，各年度作品数量比较平稳，但收入波动较大。这说明单片收入受多种因素影响，存在较大波动。

在对影视企业进行收入预测时，需要考虑作品收入波动性的影响。比如采用合理模型预测电影单价，采用历史年度平均单价水平，采用与整个市场发展一致且合理的单价增长率等方式调节电影单价。

2. 收益预测期限需要考虑跨期因素

影视制作企业的经营活动现金流量具有周期性和非均衡性的特征。

①周期性。周期性是影视制作企业普遍存在的跨期现象，主要是指从开始拍摄到实现销售收入的时间通常为一年以上。

②非均衡性。在影视作品的摄制和发行过程中，资金流出会持续全部过程直至发行结束，而影视作品发行结束后资金的回笼往往在某几个时点发生，呈明显的间歇性，从而会导致经营活动现金流入和流出的非均衡性。

由以上两点可知，不同作品、不同企业的特点都会影响预测期限的确定，因此必须采用合理的方法消除跨期因素影响。

（二）市场法

影视企业上市公司数量的增加，为采用市场法评估企业价值提供了有利的条件。在收益法中影响企业价值的主要因素，也是采用市场法时考虑企业差异调整的重要指标。

2016年的数据显示，影视类上市公司市净率（PB）、市盈率（PE）价值比率远高于全部非文化产业类上市公司及非影视类文化产业上市公司。这一方面说明市场看好影视行业未来的发展能力，同时也折射出证券市场对于文化企业无形资产价值的认可。

影视企业总资产有货币资金、存货、应收账款比例高的特点，其PB表示了企业价值与其主要盈利资产即存货、应收账款及融资能力之间合理的关系。因此，它虽然为轻资产企业，但是评估中PB价值比率还是可以适用的。

对影视企业来说，在拍片数、剧本储备量、人才储备量、资金规模、制作能力以及常用的PB、PE价值比率，都可以尝试作为特定价值比率，或者作为特定价值调整因素。

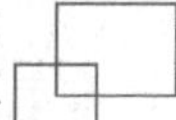

三、音乐企业价值评估方法分析

（一）成本法

采用成本法评估音乐企业价值时，音乐著作权价值的评估是关键。音乐著作权评估主要是理清成本构成。

①厂商须向国家纳税。

②音乐生产者必须承担音乐投放市场前的市场预测费用。

③音乐著作权如果涉及他人的著作权，还必须支付一定的著作权使用费。

④需要投入大量的财力、物力和人力进行音乐的创作和录制。

以数字音乐为例，其成本包括著作权费、网络传输费等，但运营商不仅要负责数字音乐的制作和推广，还要为其提供能够传输的网络，从而使数字音乐形成了成本低、销量高的特点。其费用包括包装费、数字音乐制作费，以及因推广业务而发生的费用，例如展览费、广告费等。

（二）收益法

采用收益法评估音乐企业价值时，企业的赢利模式、收益的来源、预期未来收益以及收益期确定，是评估时需要重点关注的内容。

1. 赢利模式与收益的来源

在传统模式的音乐产业链中，发行CD、磁带是唱片公司最主要的利润来源。传统意义上的唱片发行，主要指音乐产品经由层层线下渠道，以物流的方式到达各个销售终端，例如零售店、连锁店，最终销售给消费者。音乐产品通常为有形的实体，例如VCD、CD、磁带和唱片等。传统音乐产业链的单线结构决定了它主要是通过从上游到下游的层层增值过程来创造价值，产业链上各环节的收入来源都比较单一。

主要的销售方式包括以下几种。

①单曲销售模式。为了顺应网络时代消费习惯，必须对音乐产品的销售方式进行变革。经长期的调查研究发现，单曲更符合消费者的习惯，也更适合在网络上传播。

②增值服务模式。增值服务能有效地减少盗版音乐的传播，例如，为正版在线音乐提供比盗版音乐更高的品质，从而吸引消费者付费。大力研究和开发音乐衍生品和衍生服务来提高正版音乐的价值，例如MV、卡拉OK等都可以转化为产品用于销售。

③在线免费、无线收费模式。与美国在线音乐赢利模式相比，免费模式更适合中国的市场。由于中国互联网的赢利模式始终以手机为中心，因此消费者养成了免费下载的习惯。这告诉我们，数字音乐应顺应消费者的习惯，采取无线收费、在线免费的销售模式。

2. 收益期确定

音乐著作权资产评估收益期的确定，不同于一般有形资产，甚至与其他知识产权也存在巨大的差异。音乐著作权创造价值的期间波动性比较大，尤其是对于播放权而言。如果音乐作品是脍炙人口的、经典性的，其播放权延续的时间也会比较长，相应的后开发产品收益，其延续的时间也会比较长；但是如果质量一般，其播放时间就比较短，相应的后开发产品收益，其延续的时间也就比较短。所以，应该根据音乐作品的质量，合理地判断其收益年限。

3. 折现率确定

音乐著作权有其自身的特点。首先，音乐著作权创造价值的模式不同，其面临的风险也不同。一般而言，数字模式要比传统模式的风险低。而且当一部音乐作品受到观众的喜爱时，其后续产品的开发风险就会降低；反之，后续产品的开发风险将会大大增加。

综上所述，我们可以通过价值链的分析找到收益额的来源，通过汇总多渠道的收益额计算出预期收益，结合预计的收益年限、折现率计算出音乐著作权的价值。

四、动漫企业价值评估方法分析

动漫文化企业指基于现代信息传播技术手段直接生产动漫和动漫舞台剧、音像制品、报刊、图书的企业。除此之外，生产动漫衍生产品的企业也属于动漫企业，例如电子游戏、玩具、相关服装等。动漫文化企业的价值评估，由于缺少交易案例而很难采用市场法评估，大都是从收益角度进行整体价值评估的，有时也采用成本法进行评估。

（一）成本法

动漫产品的价值评估至关重要，用成本法评估动漫企业价值时，可以采用重置成本法评估。

近年来，我国利用成本法定价的现象非常多，一般情况下都是采取产品的成本加上一定的利润额的方法来确定产品的价格。由于动漫产品的制作成本可以进行推算，因此可以在评价动漫价值时采用成本法。

动漫产品的物质表现形式多样，其中包括玩具、游戏、音像制品、图书杂志等，这种多样性也是导致不同产品制作成本不同的根本原因。例如动漫影视作品的制作成本一般为每分钟 6000 元左右。

动漫产品的价值成本一般是由无形的价值构成的，例如衍生产品的开发权、播映权、著作权等。因此，其成本除了消耗成本之外，还包括各种著作权涉及的成本。

（二）市场法

1. 可比动漫产品选择

①外部环境因素。现在可比动漫产品时需要考虑其内容丰富度、作品艺术表现力、技术含量等方面，除此之外，还要考虑包括行业、宏观经济运行状况、消费者时尚需求、文化背景等外部环境因素。

②选择的可比产品应该是与所评估动漫产品的内部属性、赢利能力、增长潜力和风险相似的产品。

2. 调整系数的确定

科技含量、艺术表现力、产品质量、创意独特性都在一定程度上影响着动漫作品评估调整系数。例如，好的作品必然会受到人们的关注，也必然凝聚着创作人员的大量制作投入。

（三）收益法

1. 赢利模式及收益来源

动漫产业创造的收益主要包括以下四个方面。

①设计人员所获得的设计专利著作权。

②相关衍生产品所获得的收益。

③图书音像制品发行所获得的收入。

④播放权收益。

动漫产品的市场占有量决定着其收益的大小，收益随市场占有量的扩大而增加。动漫作品的发行市场主要分国内市场、海外市场两个部分。发行的内容主要包括音像制品著作权、动画电影的播放权、报刊书籍等，同时科学技术的进步推动了动漫产业衍生品的生产，使其能更好地满足市场需求。

2. 收益期确定

影响动漫产品收益期预测的因素除了播放权之外，还包括动漫的后开发产品收益，其收益随动漫产业链的发展而增加。因此，必须给予动漫产品生命周期高度的关注。

3. 收益法评估中的折现率

在生命周期内，由于每个阶段所承担的风险不同，导致不同阶段的折现率不同。在应用收益法时，准确全面地估计预期收益是非常重要的，然后结合使用年限和折现率进行计算，确定动漫产品的价值。

五、网络游戏企业价值评估重点关注的事项

（一）运营模式对收益的影响

了解网络游戏行业的运营模式，是确定其收益额的关键。目前，我国网络游戏行业最常用的商业模式包括以下两种。

1. 自主产权模式

自主产权模式处于产业链的上游，其中自主的知识产权是该模式的核心竞争优势。除了需要电信企业及互联网数据中心（Internet Data Center，IDC）的带宽和数据支持外，自主产权型企业可以渗透到产业链的各个环节。因此其经营方式非常灵活，既可以自身提供运营服务，也可以通过技术转让或合作运营、销售等方式开展代理、合作。但是该模式也有不足之处，由于网络游戏开发的难度越来越高，一款成熟的游戏产品的开发需要两三年甚至更长的时间，对资金及人力的需求都非常庞大，因此开发的风险很高。企业若将人力、物力集中在研发上，很容易造成市场运作能力弱，销售渠道不健全等竞争劣势。

2. 综合门户模式

可以将综合门户模式分为三种类型，即代理运营网络游戏企业、自行开发网络游戏企业以及代理运营和自行开发相结合企业。网络游戏并非此类企业的主营业务是这三种企业的共同点。

（1）综合门户模式的优势

①管理能力较强，且具有丰富的互联网经营经验。

②拥有被网民信赖且利于市场推广的品牌。

③拥有一定的电子商务渠道和原始客户群积累。

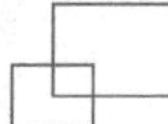

（2）综合门户模式的缺陷

近年来，网络游戏收入已经成了大多数网站收入的重要组成部分，但由于网络游戏属于兼营业务，导致企业无法在网络游戏业务上投入更多的资源和精力。因此，网络游戏业务的发展很容易受到其他热点的影响。

（二）收益额的主要来源

1. 游戏计费卡收入

近年来，游戏计费卡收入模式被广泛应用于各大游戏运营中，既是我国网络游戏运营商传统的收入模式，也是目前最主要的收入模式。一般情况下，可以将计费卡分为以下两种类型。

①包时卡。消费者有选择性地购买一个时段，在这一时段中玩家可以不限时地进行游戏。目前最为常见的包时卡包括年卡、季卡、月卡、周卡。包时卡有利于保证商家的稳定收入，但利润增长空间小。

②点卡。消费者通过购买游戏点数来兑换在线游戏时间，适用于短时间不定期的玩家，但这种方式容易造成玩家流失。

2. 虚拟道具收入

玩家按照运营商规定的比价，将现实货币兑换成游戏中的虚拟货币，然后在运营商指定的平台上购买各类游戏中所需的道具，比如练功升级用的药品、提高对决时攻击力的装备等。近两年来，随着免费网络游戏模式的推出，出售游戏中的虚拟道具已经成为不少运营商的重要收入来源。免费网络游戏的运营商已经不再需要过多地控制游戏的发展，也不再以刺激玩家长时间地玩为己任。他们所要做的便是通过消除价格门槛，提供一个最大程度聚拢人气的平台，然后由玩家通过在平台上的互动创造出丰富的内容，其中一定会有少数高端玩家为了获得互动的主动性而愿意为消费内容付费。

3. 广告收入

广告收入通常出现在一些免费游戏中，一般情况下，通过用户的点击率和访问量获取收入。虽然在收费游戏中较少出现，但仍是企业一个非常重要的收入来源。

4. 会员收入

运营商普遍将客户划分为免费用户和收费用户，这种方式主要针对一些休闲类的网络游戏产品。收费用户通过支付一定的会员费用，从而获得特定的增值服务。例如，联众公司为会员提供专家指导、游戏的玩法、江湖帮派、特殊的比赛系统、网络环境、服务器、宽带等服务；棋牌类游戏公司实行收费会员卡制度等。

5. 游戏周边衍生产品收入

游戏周边通常指游戏著作权所有者开发的或者通过相关授权开发的与游戏内容有关的实物表现形式。其中包括游戏中的音乐、生活用品、带有游戏标识或图案的服装、与游戏内容相关的书籍、游戏角色形象的玩具模型等。例如，腾讯是我国最早涉足游戏周边市场的公司，该公司设计的企鹅形象不仅出现在即时通信软件中，还推出了一系列周边产品，例如鞋类、服装、玩具、文具、箱包等。产品销售体系也已经从玩家聚集的场所走向了大众场所。

（三）折现率确定

在网络游戏创造价值的整个期间内，风险会随着企业所处的阶段不同而改变。例如，当游戏作品深受人们喜爱时，其后续产品开发风险越低。由此可知，风险水平与折现率是相互依存的。

第八章 当代文化企业的著作权资产评估

文化企业的著作权资产是指文化企业拥有着的或是控制着的、能够持续发挥作用并且预期能带来经济利益的著作权的财产权利和与著作权有关的财产权利。可以将文化企业著作权资产具有的财产权利形式概括为两点，即著作权人享有的权利和转让或者许可他人享有的权利。许可使用形式还可以细分为法定许可和授权许可，其中，授权许可形式可以继续细分为专有许可和其他形式许可等。

第一节 文化企业著作权资产特点与管理运营现状

一、文化企业著作权资产的特点

（一）著作权是文化企业的核心资源

文化企业的经营收益主要来自著作权及由著作权内容组成的著作权资产，这里的著作权内容包括对著作的生产、管理、运营，同时，这些内容也是文化企业的核心竞争能力。例如，美国米高梅电影公司片库中4100部电影具有很高的著作权价值，每年能给米高梅电影公司带来5亿美元的收入。

（二）著作权资产是国有文化资产管理的核心内容

国有文化企业经过长久的发展，积累了大量的著作权资源。这些著作权资源在经过梳理以及对其具有的价值进行重新认定之后，便成为属于国有文化企业的著作权资产，这些著作权资产的价值与规模甚至比固定资产的价值与规模还要高、要大。企业对这些重要著作权资产价值的发挥，主要通过激活、利用和保护来实现，这些过程的主要目的是在保障国有资产的合法权益的同时，避免著作权资产流失，除此之外，对著作权资产的管理不仅可以推动企业赢利能力的提高，还能使其赢利能力得到更加快速的发展，最终实现国有文化企业做大做强的目标。

二、我国文化企业著作权资产管理运营现状

由于著作权资产的复杂性，其管理难度远远超过一般性的资产。当前，著作权资产是无形资产中的一个重要分支，由于著作权资产在形式上的特殊性，在对其进行管理时，势必会遇到一些问题，主要体现在以下几个方面。

（一）文化企业的著作权资产的产权权属不清

文化企业所拥有的著作权资产的产权，往往存在着归属不清的问题，大多数的文化企业对著作权资产管理普遍缺乏清晰记录，没有针对著作权权属及介质建立起一个台账，造成在对著作权资产进行清理的时候，权属出现无证据、瑕疵以及权属失效等问题，导致在文化企业中存储的著作权资产难以有一个明确的确权。

（二）文化企业著作权资产大量“沉默”

当前在文化企业中还存在着大量的没有被认定为资产的著作权，这些著作权仍然处于长期闲置和未开发状态。这种现象的出现原因在于，文化企业普遍还没有形成完善的著作权资产管理意识，没有对著作权资源有一个清楚的认识，只是将其当作历史资料而保存，经过多年的积累，这些著作权也就成了所谓的压箱底的“沉默”资产。

（三）多数文化企业的著作权产业链不完整

国外在著作权方面，已普遍形成了一条完整的产业链条，以《小熊维尼》的动漫著作权为例，其衍生的产品每年能卖出近 60 亿美元。我国的文化企业尽管针对产业链的延伸进行着积极的探索，并且部分文化企业中的产业链也已经相对完整，但是总体上看，国内的大部分文化企业仍然处于缺乏著作权的产业延伸状态，仅仅是卖原创作品的著作权，至于原创作品的后续衍生品的生产几乎是没有的。另外，出版企业在著作权方面的运营意识也是较弱的，在产业链方面，更是只简单地涉及了编、印、发等环节。总之，多数出版企业在著作权意识方面，在后续的产业环节方面，都处于匮乏状态。

（四）著作权交易方式单一

传统的著作权交易通常采用一对一的方式进行交易，这种交易方式不仅花

费的时间长，而且效率低，已难以满足数字化网络化环境下对著作权交易的要求。在著作权利益分配机制方面，传统的著作权采用的是一次性买断的方式，简单来讲就是著作权使用方与著作权持有方，经过协商达成一个确定的购买价格。在这种状况下，著作权的购买成本和运营收益二者间是完全无关的。一方面，著作权使用方为获得著作权，要独自负担高额成本；另一方面，著作权使用方获得的运营收益，著作权持有方是无法享受到的。这种买断型利益分配机制，将会带来著作权价格的急剧上升，购买方难以负担的问题，而当著作权的价格飙升到一定程度时，又将会出现无人购买著作权的现象。这样一来，势必会造成数字著作权生态环境恶化，不仅难以保证上游权益，还会造成下游履约风险变高。

（五）著作权法律保护环境有待改善

由于著作权得不到相应保护，导致即使许多文化企业对著作权投入巨大，也没有产生同等回报。在我国，关于著作权保护的相关法律制度还不完善，在执行力方面更是不足，还普遍存在着严重的侵权盗版现象。这种现象不仅广泛存在于以图书、音像制品为代表的传统领域，还存在于互联网新兴领域。尤其是近年来高新技术得到了长足的发展，人们在阅读习惯上也有所变化，直接导致网络侵权盗版现象的发生。侵权盗版这一问题的存在既阻碍了许多行业的发展，还直接影响到了新兴产业的发展。除此之外，著作权维权具有较高的成本，作为权利人需要负担的律师费、公证费都很高，但是维权成功后获得的赔偿金额却有限。

第二节 文化企业著作权资产的价值影响因素

一、著作权资产价值的一般影响因素

（一）法律因素

1. 著作权实施的法律环境

依据著作权的相关法律规定，明确了权利人对作品拥有财产权，尽管如此，权利人是否能充分享受作品的财产权利，从而获得收益最大化的关键还在于法律环境。若是处于的法律意识环境，会严格且严肃的实施著作权法，有十分到位的法律保护，有合理的著作权诉讼成本，且诉讼结果做到了公平、公正，那

么著作权相关权利人创作作品、传播作品、使用作品均会以著作权法律规范为约束；合理支付著作权使用费是一种自觉的行为；著作权侵权代价高昂；著作权权利人的收益能够充分保障，著作权价值也自然较高。正是由于感觉到著作权法律保护力度的增加、保护环境的改善对自己权利实施更有利，作品权利人才增加了著作权登记的意愿。

2. 著作权的法律保护期限

依据著作权法可知，不同的著作权拥有的保护期限是不同的。

首先，著作财产权以及应当由著作权人享有的其他权利保护期为 50 年，这一期限截止于作者死亡后第 50 年的 12 月 31 日。如果是合作作品，截止于最后死亡的作者死亡后第 50 年的 12 月 31 日。如要是法人或者其他组织的作品，著作权（署名权除外）由法人或者其他组织享有的职务作品，其发表权、所有的著作财产权以及应当由著作权人享有的其他权利保护期为 50 年，截止于该作品首次发表后第 50 年的 12 月 31 日，但作品自创作完成后 50 年内未发表的，法律将不再保护。

其次，电影作品以及通过类似摄制电影的方式创造出来的作品包括摄影作品，这一类作品的发表权、所有的著作财产权以及应当由著作权人享有的其他权利保护期，法律保护期限从作品首次发表的时间算起，直至第 50 年的 12 月 31 日，但还有一种情况，即作品创作完成后 50 年内，并没有进行发表，同样不再受法律保护。

著作权资产价值取决于其法定的保护期限和剩余保护期限，对于某一具体经济行为来说，需要重点关注的是著作权资产合同约定的使用期限。这里所指的合同期限，必须涵盖在该作品的著作权法定剩余保护期限之内，著作权资产价值的评估基础，述说起来就是在合同规定使用年限内，针对作品进行运营而产生的合理收益。

（二）环境因素

1. 著作权资产使用区域的社会环境

著作权价值不仅会受到个国家著作权意识的影响，还会受到政策导向的影响。制作权价值的提升，有赖于政府引导、社会广泛参与到保护著作权的联盟之中，只有在政府构建的大联盟、大格局之中，才能使这一目标实现。

2. 著作权资产使用区域的经济环境

著作权的发展与区域经济发展有着紧密的联系。一方面，在经济发达区域发生的著作权资产交易产生的价值会高于经济落后区域。另一方面，由于文化消费是区别于实物消费的，文化消费不仅可以满足消费者的物质需求，还能充分满足消费者的心理需求。因此，在文化消费方面，在其对外部经济环境的反应上来看，是相对具有弹性的。特别是在经济发展处于增长缓慢时期时，相应的著作权资产交易有可能会发生逆势增长。

3. 著作权资产使用区域的市场环境

著作权资产交易价值主要会受到两方面因素的影响，即市场活跃程度与供求规律。当著作权资产价值处于交易活跃的市场时，其价值的实现相较于低活跃度的市场来说是容易的，常见的市场交易包括了畅销出版物、音像制品等等。当市场对某项著作权的供应大于需求时，相应的著作权资产交易价值会降低，反之，著作权资产交易价值则会提升。对所评估作品著作权资产的价值具有影响作用的因素包括两个方面，一是市场相关作品，二是新版本作品。另外，著作权资产价值的大小会受到市场竞争程度的影响，还有市场中同类作品竞争激烈，也会影响到著作权资产价值的实现。

（三）具体著作权的交易行为约束

著作财产权的权利束体系包含类型众多，对于具体经济行为，拟交易（转让、许可使用、质押等，而著作权侵权赔偿诉讼则可以看作是一种被动的交易）的条件是影响著作权资产价值的重要因素。主要内容如下所示。

1. 拟交易的权利种类

拟交易的权利种类是指全部权利或部分权利，也可能是指部分权利的具体权利种类。首先，全部权利具有最高的价值；其次，部分权利所具有的价值会受到权利束体系中具体权利的影响；最后，与传播相关的权利价值相较于使用相关的权利价值明显要高。

2. 交易地域范围

对于著作权交易合同约定的作品来说，其所收获的收益直接受到地域范围的影响，通常是范围越广，收益越高，著作权产生的价值也就会越高。

3. 交易权利期限

关于交易权利期限，会受到合同期限的影响，期限越长，权利价值越高。交易权利期限的确定，要自合同生效之日算起，合同的终止时间必须在著作权保护期终止时点之前。

4. 对价支付方式

由于对价支付方式的不同，权利人的收益流会产生差异，进而会影响到交易权利的价值。对于许可使用方面，还要针对是否约定让渡第三人等因素将会带来的影响，进行综合考虑。

（四）作品因素

著作权资产价值形成中，著作权的传播性、作品的有用性都与作品自身的特点相关。因此作品因素是著作权资产价值的内因，也是最重要的影响因素。主要内容如下所示。

1. 作品类型

著作权资产，依据作品类型的不同，影响其价值的因素差别也很大。就录制品来说，流行音乐和经典音乐的价值影响因素就有很大差异。这些差异总的来说可归结为三个方面：一是创作投入差异；二是顾客对象差异；三是寿命周期差异。这些差异的存在，不仅影响着著作权资产价值的收益，还影响着其风险。著作权资产的相关法律规定会随着不同类型作品的著作权资产不同而不同。另外，不同类型作品所采用的传播方式不同，相应地也会影响著作权资产的传播范围、传播效果及传播收益。

2. 作者知名度

有些著作权资产的价值，会直接受到创作者知名度的影响，主要体现在文字、摄影等诸如此类的创意设计作品领域，这些作品的创作者拥有很高的知名度，会提高作品的受欢迎程度，在市场中的需求也会更大，会取得更多收益，实现更多著作权资产价值。

3. 艺术（技术）水平

著作权艺术或者是著作权技术由于其具有的独特性而应得到法律保护，这一特性也是著作权艺术形成价值的重要因素。著作权艺术价值主要体现在以下两点。

第一，可以在一项著作权的艺术水平中感受到著作权艺术在创作投入方面上的差异。如《红楼梦》，这一作者曹雪芹才华与辛劳凝结而成的精神成果，包含了巨大的艺术价值和社会价值，不是一般的通俗小说可以比拟的。

第二，著作权的创作，不仅有着较大的创作难度，其承担的复制风险也是很大的。著作权艺术价值的重要衡量标准，主要有两方面：一是技术上的保密

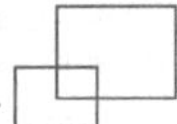

性，二是反侵权能力。

4. 作品发表状况

相关法律规定明确指出了，中国公民、法人或者其他组织的作品，不论是否发表，均享受著作权。人们在进行著作权资产评估业务时，由于作品的发表状况直接影响着作品的资产价值，因此，必须要将作品的发表状况纳入评估需考虑的范畴之中。具体内容如下所示。

第一，作品的发表状态直接影响着资产的剩余经济寿命。依据著作权法的相关规定，职务作品、电影作品和以类似摄制电影的方法创作的作品、摄影作品，自完成后，若是在50年内没有进行发表，这时将不会再受到法律的保护。也就是说如果上述几种作品创作完成后未进行发表，最多只具有50年的经济寿命，超过50年后其所产生的经济利益将不再归属于创作人。

第二，发表状态既影响作品的影响力，还影响作品的经济效益。将作品进行发表，这是一种扩大受众范围的途径，作品通过这种方式，不仅可以扩大受众范围和影响力，还能影响著作权的经济利益，进而影响著作权价值。

（五）著作权资产的运营模式

不同的著作权运营模式，对著作权资产价值的实现具有较大的影响。由于作品著作权涉及的财产权利受众类型较多，一种作品可以衍生出更多类型的作品，且这些衍生作品著作权财产权利又以原始作品著作权权利为基础，从价值上来说，原始作品与衍生作品互相影响、互为基础。因此，最优的著作权运营模式，就是寻求实现从原始作品至全部衍生作品的全作品链、各种财产权利价值最大化的模式。

不同的著作权运营模式，对著作权资产价值评估有不同的影响。对于产业链较长、作品著作权开发比较深入的，企业有比较成熟的运作模式，使得充分利用作品著作权各类权利成为可能，同时也使原始作品转化为新作品成为可能。在这种情况下，如果涉及著作权的全部财产权利价值，就需要结合企业运营模式，充分考虑各类权利收益的实现途径和金额，并且需要考虑衍生收益的价值。

例如，奥飞动漫公司采用售片、贴片的模式，对应著作权收益主要来源于广告收入，则需要间接从广告收益角度来考虑著作权资产的价值。深度合作模式则需要从举办的活动所带来的销售收入增长角度考虑相应著作权资产的价值。

又如，乐视网著作权库运营模式，其作品著作权价值的实现主要包括著作权收益及广告收益两部分内容，在采用收益法对作品著作权资产价值进行评估时，要充分考虑这两部分收益的影响。

二、不同类型著作权资产价值的影响因素

（一）图书著作权资产价值的影响因素分析

1. 图书著作权市场

全球图书出版市场集中度较高，美、中、德、英、日、法为前六大图书市场。中国目前是全球图书出版第三大市场，仅次于美国和德国。图书市场可以分为教育出版、大众出版和学术专业出版三大领域，其中教育出版占有较大比重。近几年随着图书数字出版的推进，互联网的发展给图书出版业的结构带来了深远的改变，产业成分出现多元化区分态势，网络运营商等不断蚕食传统图书批发和零售的利润。并且全球图书出版发行市场份额呈现集中的趋势，大型出版集团占据了主要的出版市场份额，国际大型出版集团之间也不断展开并购、重组，资本运作向深层次发展。近年来，全球图书出版行业进入成熟期后增速逐渐放缓，但我国是增长最快的头部市场，2016—2018 年图书零售码洋增速维持在 10% 以上。

我国出版行业竞争格局相对海外出版市场较为分散。大众出版领域，由于市场竞争主体多，产品品种多，因此单个出版社市场份额不大。专业出版领域，全国市场形成了以中央部委所属出版社为主，地方科技出版社、专业大学出版社和一些综合性出版社等为辅的格局。由于专业出版门类多、涉及面广、准入门槛高，因此该领域目前呈现出产业集中度低、出版机构规模小的特征。

2. 图书著作权收益

（1）图书著作权收益构成

出版商获得的著作权通常是以签订合同的方式来实现的，并且这里的合同具有双重性质，即具有著作权许可性质和转让性质。出版商获得的著作权可以分为主权利和附属权利。前者是指专有出版权，这一权利述说起来就是在世界范围内，著作权作品的首次印刷复制权和发行权。后者是指，除出版专有权的主权利之外，所有关于作品的使用方式，也就是出版界对与作品的出版活动相关的所有衍生权利的统称，包含的权利相当广泛，有汇编权、出租权，以及录制权、制片权等。

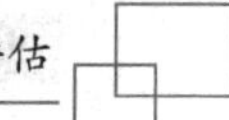

（2）图书著作权主权利收益

第一，出版文字作品报酬相关规定。这种著作权收益需要著作权所有人和使用者经过协商，达成一致才可使用，通常是按照国家报酬标准，对文字的价值进行计算。

第二，教材出版物的定价限制。教材著作权是图书著作权收益的重要一环。教材是一种特殊的图书，教材的定价会受到政府的严格监管和限制。

第三，部分图书著作权收益会受到季节和地域的影响，并呈现出一定的规律特征。结合国内教育的实际情况，教材及同步教辅图书收益，具有明显的季节性和区域性特征。

第四，图书著作权的税收优惠政策。简而言之，就是作为文化企业的出版企业，在税收方面包括企业所得税、增值税等，享有一定的优惠政策。这些政策随着国家产业发展政策的变化在不断变化，著作权资产价值的评估，需要随时关注这些政策。

（3）图书著作权附属权收益

近年来，我国的图书著作权收益，受宏观经济发展环境的影响，愈发呈现出多元化的分布特征，电子出版物在总出版物数量中所占的比重不仅在出版种类方面不断上升，在数量方面也在稳步上升。影响图书出版附属权收益的因素有出版社的附属权经营意识以及经营能力，著作权保护力度，出版业管理体制和管理方式，互联网的发展等。

3. 图书著作权成本

图书著作权的成本体现为著作权创作过程中发生的成本，包括人力、物力和财力的付出。在衡量著作权的成本时，需要考虑的人力成本涉及更深层面、更为复杂的因素，如作者精神层面的付出、个人文化的积淀等。首先，图书著作权的价值主要来源于其中包含的文化创意的价值。其次，随着知识经济的发展，一种文化产品上市走红后，市场上跟着就会出现多种类型著作权的衍生交易。

4. 图书著作权风险

图书著作权风险包含以下几个方面的内容。

①数字出版技术带来的风险。

②著作权保护风险。

③出版以及发行市场不规范的风险。

④选题定位和读者需求风险。

（二）电影著作权资产价值的影响因素分析

1. 电影著作权市场

目前国产电影市场中，随着电影数量逐年增多，国产电影的市场价值呈现与总体影片数量显著差异的特征，高票房收入影片基本集中在少数几家电影公司，高质量的电影供给不足。目前中国国产影片较大的产量与有限的上映数量差距较大。随着我国电影市场开放程度的不断提高，民营电影企业的整体发展水平已经与国有电影企业不相上下，加上国家对外政策限制的逐步放宽，电影市场将会有更多的新竞争主体进入，现有的电影市场竞争格局将会发生一定程度的改变，可能导致电影行业的平均利润水平有所降低。但是，随着我国电影整体市场环境的发展与完善。在市场资源方面，将会愈发倾向大型电影企业，这决定了在竞争不断加剧的市场环境中，既具有资金，又具有人才优势的大型电影企业，仍能保持较高水平的赢利能力立足于电影市场。在未来国内电影市场中，将会产生大量的高质量国产大片需求，国产大片在市场前景方面，还是十分广阔的，此外，也将会提升优质国产电影著作权所具有的价值。

2. 电影著作权收益

电影作品主要可以分为两大类，分别是故事片和纪录片。不同类型的电影作品由于销售类型不同，相应的获得收益的途径也是不同的。其中，故事片的著作权收益主要体现在票房收入方面上，而纪录片的著作权收益主要是通过媒体来获取，如电视、互联网，以及空中媒体、音像制品等。不同类型的电影作品的相关衍生品，如广告、主题公园、消费产品冠名权等，所产生的收益也是不同的。在不同的电影类型中，著作权收益绝大部分来源于电影票房收入。商业电影的主要收益来自票房收入，而对于一些非商业的电影，其收益途径有所差异。在欧洲，艺术类电影有其单独的发行和放映渠道，如法国有名的 MK2 艺术院线，并且欧洲各国为艺术类电影提供了充足的政府政策和资金支持，完善了艺术类电影的收益渠道。

电影在制作、发行和放映的流程中，涉及电影著作权的摄制权、发行权、放映权等诸多权利。这些权利的价值在很大程度上取决于各项权利主体的收益，票房收入在制片、发行、院线和影院之间的分账在实践中存在一定的原则。电影销售收益具有季节性、区域性和周期性的特征。

从电影的收益期限来看，其收入实现周期相对电视剧而言很短，影片的票房收入一般在电影公映后数周内的强档期就基本实现。目前国内发行和放映的影片，主要档期通常仅为 3 ～ 6 周，基本可以实现 90% 以上的票房收入。电

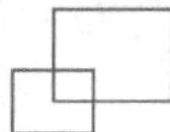

影的其他著作权销售收入一般在影片上映5周内基本签约或约定价格。

近几年，国产电影著作权资产价值逐渐上升，出现了越来越多的高质量国产影片，这些影片的投入大、制作大，并且还有着较高水平的思想性和艺术性，以及商业化运作水平。这些高质量国产影片的出现，不仅使国产影片的整体水平有了大幅度提升，更激发了观众的观看欲望，这样一来势必会弱化进口大片给国内电影市场带来的影响，进而既能提升国产电影的市场地位，还能提升国产电影的票房收入。

3. 电影著作权成本

电影著作权的形成贯穿于电影拍摄的商业流程中，这些商业流程，即前期筹划融资、拍摄制作，以及宣传发行和上映阶段，应将这些电影拍摄流程内容，所有和著作权形成有关的费用支出都纳入著作权成本的计量中。作为在电影业务流程中进行拍摄环节的具体执行者——剧组，其所发生的费用，不仅是构成电影业务营业成本中的重要组成部分，还是著作权成本的重要组成部分。

在电影制作过程中，在剧组方面需要投入大量的成本，包括人力、物力和财力成本。这些成本所发生费用的确定是较清晰的。但是，涉及相关人力资源的投入，包括编剧、导演、演员、剪辑等各方人员的工作，涉及艺术家思想等脑力元素的表达，在计量这些成本时可能并不好界定和量化，并且和我们分析的经济价值也不一定具有完全的对等性。另外，相比电视剧而言，电影的发行需要做大量的宣传工作，其中大量的费用支出构成电影著作权的成本。

电影档期特征比较明显，是由院线根据各个影院的排片安排，集中一个档期放映，票房收入基本在该档期内实现，销售成本也相应地在此期间进行集中结转。

4. 电影著作权风险

①市场风险。国内的电影市场领域，一方面呈现出有效供应短缺，另一方面出现需求难以满足的特点，这两方面充分体现了供求关系特点。

②盗版侵权风险。在世界范围内，电影侵权盗版现象的发生可以说是屡禁不止，尤其是网络传播技术发展越快，这种现象的发生就越频繁。

③产业政策风险。这一风险是指，作为一种文化消费产品，电影具有意识形态的特殊属性，受到国家法律、法规及政策的严格监管。

除以上几点之外，电影作品还有内容审查风险，简单来讲就是不符合相关条例规定的电影作品，无法获得相关的电影著作权，如拍摄权、发行权、放映权等。

（三）动漫著作权价值影响因素分析

动漫产业链主要包括漫画、动画、舞台剧、网络动漫、手机动漫等环节。按照动漫形象加载平台的不同，动漫可划分为电视动漫、电影动漫、网络动漫和手机动漫等类型。

1. 动漫著作权市场

从产业演进的角度来看，中国动漫产业还处于规模化发展阶段，这一阶段正是动漫产业的快速增长期，随着市场规模逐步扩大，动漫行业进入者增加，行业竞争也愈发激烈，尽管出现了一定规模的大企业，但总体来说行业集中度仍偏低。近几年，随着国内宏观经济的发展，政府诸多支持动漫产业政策的出台，加上中国互联网技术、三维技术迅速发展，为国内动漫产业发展提供了较好的宏观环境、政策环境和技术环境，国内动漫市场无论从产量还是规模上都得到了较大程度的拓展。

动漫著作权通过动漫作品相关的影视、出版、游戏、玩具、服装衍生品交易等行业的发展，其价值得到多层次的体现。这得益于国内动漫市场规模和产量的增加，但在更大程度上，著作权的价值取决于动漫作品的质量。蕴含中国传统文化因素的动漫作品更能体现漫画作品的文化创意本质，也更能在著作权交易中体现出文化创意因素给动漫作品带来的高附加值。因此，中国动漫市场要取得发展，必须建立在突破原创瓶颈和凸显中国文化元素的基础上。

2. 动漫著作权收益

动漫著作权的价值不仅依赖于内容，而且依赖于形象，其收入的源泉不只在于源头产业的著作权收益，更在于后续产品和衍生产品的收益，著作权的价值受到技术、内容、发行传播情况以及衍生交易等众多因素的影响。从动漫形象到动漫衍生产品的过程实际上是著作权不断增值的过程。主要内容如下所示。

①动漫项目的制作技术对收益的影响。动漫制作技术主要从两方面影响收益，一方面是动漫项目的制作成本，另一方面是动漫项目的著作权收入和补贴收入。

②动漫项目的发行传播情况对收益的影响。以中国的情况来看，影院（院线）渠道仍是大部分发行公司获取利润的首要选择。动漫电影著作权的收益部分取决于动漫电影的票房收入，但是目前的国产动漫电影制作成本高、票房收入不佳，收回成本难度较大。动漫电视剧的著作权中，播放权收入主要依靠电视台播放。同样，由于成本过高、营销时期长的特征，动漫电视剧在电视台的播放中，

一般情况下制作方只能收回30%的投资额。

③动漫项目的衍生开发情况对收益的影响。深化市场阶段，也就是如何开发衍生品市场，是动漫企业成败的关键。在动漫产业链中，衍生品市场是利润获得最大的一环，从动漫形象到衍生产品的过程实际上是著作权不断增值的过程。

④动漫项目的营销执行对收益的影响。动漫电影和通常的电影一样，也可以通过制片、发行、营销机构联合在一起针对不同档期不同的观众群进行精准营销，麦兜与喜羊羊的成功充分证明了这点。

⑤动漫项目的营销成本对收益的影响。和影视剧制作过程类似，动漫项目在发行传播过程中需要进行大量的营销工作，通过加大动漫作品的宣传力度，最大限度地获取收益。

3. 动漫著作权成本

①动漫创作者投入对成本的影响。一部漫画作品的诞生，离不开创作者的努力与才华。漫画的创作者的绘画水准大多较高，而其绘画能力的形成是需要大量的时间和教育成本的，这些都构成了形成漫画著作权潜在的成本要素。

②动漫制作技术对成本的影响。不同制作技术的成本差异较大。

③收视习惯对动漫成本的影响。动漫电视的制作成本在很大程度上受收视习惯的影响。

4. 动漫著作权风险

动漫产业涉及图书出版、电影制作、电视剧制作等多个产业的交叉，因此其风险因素综合了以上几个产业的风险因素，除此以外，还具有其独特的风险因素。

第一，动漫产业的文化创意属性十分明显，其产业核心价值的关键在于动漫作品的内涵价值。在针对一个动漫形象的成功与否进行判定时，存在着很大的不确定性，很难通过事前的消费市场摸底、调研来充分把握。并且在同类型的动漫作品中，以往的成功案例也不一定能被再次复制。因此，动漫公司的赢利能力会受到多个不确定因素的影响，有创意的不确定性，也有来自消费者偏好的不确定性，这些因素都会给动漫著作权价值的实现带来诸多不稳定因素。

第二，动漫行业还处在发展的起步阶段，相关企业在动漫形象制作、动漫作品销售等方面均会增加公司的运营成本，公司的收益具有较大的不稳定性。

三、著作权资产价值影响因素与评估参数的关系

上述价值影响因素，与收益法、市场法、成本法评估模型中的相关参数存在着内在联系。各种评估方法、模型得出评估结论的过程，关键的步骤就是确定价值影响因素与各参数的关系——量化价值影响因素到各项评估参数。

（一）著作权资产价值影响因素与不同评估方法参数

影响作品著作权价值的一般因素、特定因素具体体现在对不同方法参数的影响上，对不同参数的影响内容与程度也都存在差异，分析清楚差异对量化参数具有重要的意义。

（二）著作权资产价值影响因素的量化方法

把定性分析的因素进行量化的方法有很多，常用方法包括多元回归法、层次分析法、德尔菲法等。

1. 多元回归法——多独立影响因素的量化

在实际经济问题中，一个变量通常会受到多个变量的影响。以电影票房为例，电影票房会受到电影作品内容的影响，除此之外的影响因素还有投资额度、宏观经济水平，以及放映档期等。多元线性回归模型，简单来讲就是在线性回归模型中，有多个解释变量的模型。在这一模型中可以将影响电影票房收入的外部因素，也可以说是定性分析因素，以及内部因素量化为需要预测的电影票房收入。其中，影响票房收入的外部因素包括了国家经济环境、市场消费能力等，内部因素主要包括了制作人员和制作费用。

2. 层次分析法——多相关因素量化

层次分析法是一种定性分析与定量分析相结合的系统评价分析方法。它将人们的思维过程层次化和数量化，主要适用于系统结构复杂、相关因素高度关联，但缺乏必要的数据，难以获得精确的定量数学模型的情形下，进行无结构、多准则决策问题，比如政策研究、规划制定、需求预测等。

3. 德尔菲法——无先例事件量化

德尔菲法，即专家调查法，这一方法述说起来就是一种以通信方式来将需解决的问题分别传递给各个专家，咨询他们对解决问题的意见，然后进行回收汇总，针对这些意见进行整理，形成综合意见和预测问题，再分别发送到专家手中，再次进行意见征询，由各专家根据综合意见内容，来对自己的意见进行

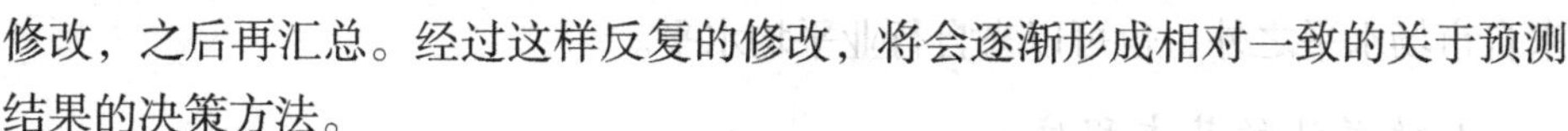

修改，之后再汇总。经过这样反复的修改，将会逐渐形成相对一致的关于预测结果的决策方法。

第三节　文化企业著作权资产评估的方法与实务

一、著作权资产价值评估评估方法

（一）收益法

1. 增量收益法

增量收益法试图直接量化与著作权相关的收入增加、成本降低、市场份额和收入期限的增加等，直接把有著作权的收入与没有该著作权的收入进行对比。现金流量是最常用的经济收益估算指标。

①产品价格上升。估算著作权资产给企业产品带来的溢价收入，首先需要分清是什么产生了溢价，是著作权还是专利技术等。溢价的产生可能是一项知识产权的作用，也可能是几项知识产权共同作用的结果。此时，需要分清产生溢价收入的知识产权源泉，然后再将溢价收益合理分配到目标知识产权中。

②产品成本降低。很多著作权的开发和使用能够带来企业成本的降低，从而带来超额利润。

③产品市场份额增加。著作权对于企业的价值主要体现在竞争优势上。企业所特有或许可使用的著作权，使得相关产品或服务在市场上拥有销售优势，获得更多的消费需求，从而产生超额收益。

2. 超额收益法

关于超额收益法的原理，述说起来就是从使用著作权获得的总收益中提取出关于目标著作权的收益部分。也可以说是先计算出使用著作权的总收益，然后依据在目标著作权和产生总收益过程中，做出过贡献的资产进行分成，这其中包括有形资产和无形资产。在进行利润分成分析时，所采用的分析法是经济收益毛指标，具有代表性的就有总收入。除此之外，其他大多数的利润分成分析分配，采用的是净收益估算值，包括营业收益和净现金流量等等。

3. 许可费节省法

在著作权许可交易中，作为著作权收益的补偿，著作权所有者允许被许可方使用其权利的部分权束，并向其收取一定的许可使用费。著作权使用费率除来自市场水平之外，也可以来自行业平均水平。

4. 收益法的基本程序

无论是超额收益分析、利润分成分析还是投资回报分析等，其差异只是体现在对著作权收益参数的估算上，具体的评估程序中，涉及著作权收益额、收益期限以及收益相关的风险报酬率等参数的预测都不体现。主要内容如下所示。

（1）收益额预测

①模型预测法。收益额是重要的预测参数之一，对其进行预测时，需要在定性分析的基础上，采用合适的数量模型分别对其中的收入、成本、费用等内容进行具体测算。

②白板法。白板（Tabula Rasa）源于拉丁语，意为空白的历史。在著作权的经济分析中，尤其是在产权的开发阶段，分析师所面临的就是一块白板。也就是说，著作权没有任何历史收入和收入预测方面的信息可以参考，此时外推法并不适用。面对著作权空白的历史，分析师需要做的是从头开始，填充相关的数据进行分析研究。

③生命周期分析法。典型的产品生命周期一般可以分成四个阶段，即引入期、成长期、成熟期和衰退期。在产品引入阶段，销售量通常会很低，随着消费者对产品的逐渐了解和接受，产品销量增加，生产达到一定规模，在知识产权的保护下，企业可以得到超额利润；到了产品的成长阶段，产品、服务在市场上的渗透逐渐缓慢；在成熟阶段，如果没有其他新的知识产权的保护，随着技术的进步和竞争压力的加大，市场对该产品、服务的需求达到顶峰后逐渐减少，直至衰退。

（2）收益期限确定

著作权收益期限是著作权价值评估中一项十分重要的参数，无论是成本法、市场法还是收益法都涉及对著作权寿命因素的考虑。成本法进行折旧估算时需要考虑著作权的剩余有效寿命；市场法进行著作权交易可比性分析时，也需要考虑著作权的寿命因素；收益法中，著作权寿命因素决定著作权收益期限的长短和收益的大小，著作权的价值是其潜在经济寿命的函数。所以，著作权的寿命评估是著作权价值评估中必不可少的一部分。

（3）折现率的确定

著作权折现率是与实现预测的经济收益相关的投资回报率，折现率的确定需要考虑无风险报酬率和著作权资产对应的风险溢价。

（二）成本法

1. 成本法的基本原理

成本法的经济原理基础是替代性原则。著作权的自愿买主为目标知识产权，支付的价格不会高于取得同等效用的替代著作权的价格。使用成本法评估著作权价值，同有形资产类似，首先需要计算著作权的重置成本，然后是分析和量化各项贬值要素，随后得出评估价值。

2. 成本因素

关于著作权资产成本具有的特性，包括三方面，即虚拟性、弱对应性以及不完整性，由于这些特性的存在导致著作权的价值和成本二者之间不存在必然联系。只是简单地使用成本来对著作权的价值进行衡量，是不合适的，原因是著作权的高成本不能代表其所产生的价值也是高的，有可能在作品的创作阶段，所投入的价值反而会带来负面的影响。成本和价值之间存在的关系，未必是正相关的，这一点也体现出在某种状况下，成本的组成要素可以对著作权价值起到重要的影响作用，举例来讲，成本的组成要素对著作权成本的组成结构产生影响，进而影响到著作权作品最终价值的构成。

著作权的成本与生产著作权的过程有关。对于著作权成本的计算存在主观性和不确定性，尤其是难以确定整个著作权开发过程中多少成本应该计算在估算价值之内。估算著作权的成本，还应该分清是自创著作权还是外购著作权。自创著作权的重置成本是根据著作权生产过程中所消耗的费用估算，外购著作权的重置成本则是根据购买时的相关费用估算，二者所依据的数据信息来源不同。

3. 贬值因素

同有形资产一样，著作权的贬值包括功能性贬值和技术性贬值。功能性贬值是指由于著作权无法完成其最初设计功能，随着时间的推移，著作权无法像过去一样，成功地发挥效用，从而使价值降低。技术性贬值是由于技术进步导致著作权价值降低，由于设计或技术的改进，新的重置著作权资产，能比目标著作权资产产生更大的效用，这时就会产生技术性贬值。著作权作品可能会因为技术过时产生技术性贬值，也可能会因为形式或风格的变化发生功能性贬值。

另外，著作权总是和一定的科技、文化创意因素相联系。尤其对于文化产业而言，著作权作为文化创意的载体，其中的文化创意若出现过时的现象，著作权也很难持久。

一般情况下，经济性贬值的确定和量化可以在重置成本减去功能性贬值后的评估值基础上，估算著作权是否能在预期剩余使用寿命期间内产生合理的报酬率，如果可以，则表明没有明显的经济性贬值，反之，则明显存在经济性贬值。

4. 成新率因素

在评估实践中，由于著作权的有形损耗通常不存在，对于无形损耗可以采用一定的综合折算比率，即成新率。成新率的确定应该注意到著作权的使用效用和时间的非线性关系，如商标的效用随着企业的发展可能存在非线性递增趋势，创新的效用随着技术的进步可能存在非线性递减趋势。针对著作权表现出的更多更复杂的特征，评估人员需要根据具体著作权的类型和特点进行分析。

成新率的估算一般有两种方法，专家鉴定法和剩余经济寿命法。专家鉴定法是指邀请相关领域的专家，对目标著作权的先进性、适用性进行判断分析，从而确定其成新率。剩余经济寿命法是评估人员通过对著作权资产尚可使用的经济年限进行预测和判断，根据著作权资产的市场竞争状况、可替代性、技术进步的更新趋势做出综合性预测。

（三）期权定价法

著作权具有报酬无限性和风险有限性，同时又具有时效性。这些特征正是期权的要素特征，因此对著作权资产的评估可以采用期权定价模型。传统三种方法的一个重要共性是用静态的观点来评估著作权的价值，认为资产的价值是一个确定的值。而现实中很多著作权的价值会随着时间、地点、风险或机会而改变，其价值是个变量，用期权定价方法来评估著作权的价值在一定程度上体现了这一特点。金融学教授特里杰奥吉斯（Trigeorgis）提倡在使用期权思维评估无形资产时，同时考虑管理者的弹性因素对价值的影响，也就是管理者应对风险的管理策略和执行能力。他将净现值法（NPV）扩展为策略性净现值法（Strategic NPV），即无形资产的投资价值包括被动管理假设下的传统净现值和主动积极管理下的期权价值。国外有很多相关的实证分析对此进行了论证，认为这种方法有效地解决了一些不确定性问题。

著作权中蕴含了各种实物期权，包括扩张、延迟、放弃以及转换期权。期权定价方法有数值分析法、解析方法和近似计算法三类。大部分情况下，著作权不同类型的财产权利价值实现可能不具备连续性、稳定性，一些财产权利可能在未来一定条件时，才具备开发利用价值。这时就可以考虑采用实物期权方法评估其价值。根据《实物期权评估指导意见（试行）》的要求，评估实物期权，

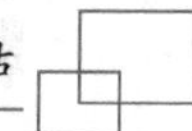

应当按照识别期权、判断条件、估计参数、估算价值四个步骤进行。

（四）著作权资产价值评估方法之间的比较和选择

著作权资产价值评估方法的选择有其适用前提及使用限制。要充分考虑各种方法的原理、优缺点和适用情形。

从理论上说，在进行著作权资产价值评估时，通过不同的方法和原理，得出的结果应是趋于一致的，并且在评估著作权价值的过程中，不同方法下的结汇会出现相互交叉融合的现象。

另外，需要注意的是，不同评估方法中参数确定时需要获取的资料、获取数据的可靠性对评估方法的选取也有决定性的影响。

二、文化企业著作权资产评估实务

（一）不同类型作品著作权资产评估对象的识别

1. 著作财产权利类型维度

在《著作权法》保护下的著作财产权，还可以称为著作经济权利，其概念述说起来是指作者本人或者授权他人采取一定的方式使用作品而获得物质报酬的权利。关于著作财产权利类型维度主要划分为 12 种明确的权利，如复制权、发行权等，按照传播方式与使用方式不同，进行如下分类。

发行权、出租权、信息网络传播权等 7 类权利均涉及作品的传播方式，而作品的传播也是著作权价值得以实现的手段和途径，称其为作品传播相关权利。复制权、摄制权等 5 类权利，主要涉及作品表现和使用形式的变化，称其为作品使用方式相关权利。

2. 著作权作品类型维度

作品类型维度包括：文字作品、口述作品、音乐作品、戏剧作品、曲艺作品、舞蹈作品、杂技艺术作品、美术作品、建筑作品、摄影作品、电影作品和以类似摄制电影的方法创作的作品、图形作品、模型作品、计算机程序、文档 15 类以及与邻接权对应的图书和期刊的版式设计、表演、录音录像作品、广播电视节目 4 种作品，共 19 类。

这些作品类型在表现形式、载体、创作方式和难度、创作流程和投入成本等方面有各自的特点和差异，其价值也受上述特点的影响。这些作品的分类是现阶段社会发展的产物，会随着社会的发展而不断变化。

（二）著作权资产清查重点及实务

著作权资产原始作品及衍生作品类型多样，财产权利复杂，作为意识形态领域涉及行业监管政策较多。因此对著作权资产的清查重点应该在对是否符合行业监管政策、权利内容及运营模式的了解等方面。主要内容如下所示。

1. 核对权利证书

著作权资产权利是否清晰、完整、合法，相应的权利证书是非常重要的依据。

作品的著作权不以著作权登记为生效要件，公司投资制作作品自创作产生之日或自其协议取得之日起，即依法单独或与其他权利人共同拥有作品的著作权。但有登记证书的作品在相应的经济行为中产权会得到更好的保护和利用。

因此，对著作权资产的权利清查，获取权利登记证书，对于没有登记的作品，则需要核对其相应的合同、协议或原始投资资料。发行人自主选择办理作品著作权登记，是否办理著作权登记对发行人行使和保护著作权不产生实质影响。因此，对于未进行著作权登记并取得《著作权登记证书》的作品，确定著作权最终依据为投资方的投资合同和各方出具的著作权声明书等。对于权利不能明确的作品，则需要律师的专业意见。

同时，对于不同类型的文化企业，生产（制作）文化产品或提供文化服务，还需要有相应的特许资格。

2. 核对著作权合同

对于特定的经济行为，著作权合同是非常重要的权利文件。通过著作权合同，评估人员能够了解基本要素（合同号、签订日期、我方公司名称、对方公司名称、片名）、作品情况（作品名称和内容、集数、片长）、权利及限制（播出区域、授权期限、授权权利类型、网络播映权、图书出版权、音像出版权、知识产权、形象使用权等内容，对于划分收益范围、确定收益期限、确定收益来源具有比较重要的作用。其中的价格情况〔单价、许可使用费、三费（磁带费、复制费、邮寄费）〕、合同总金额等对采用市场法、成本法也具有一定的参考意义。

3. 账务清查

评估人员通过对被评估著作权资产账务清查，主要了解其原始入账时间，金额及其构成内容与合同的一致性，是否对外许可销售，对应合同是否一致，是否有质押、担保、摊销情况，账面价值对应其他收益，如广告等。这些资料一方面是为了履行评估程序，另一方面也是为采用各种评估方法提供一个基本的参考。比如对于外购形成的著作权资产，评估人员可以了解其原始购置价值，为进行市场比较打基础；对于自创形成的著作权资产，可以了解其成本构成内容，为采用成本法评估提供参考。

在进行账务清查时，需要特别关注和识别企业账之外的著作权资产。文化企业特别是成立时间比较长的国有文化企业，往往会积累大量的账外著作权资源。对于这些著作权，评估人员需要按照权利类型和作品类型两个维度建立一个著作权清查明细表，将企业的各项著作权对应的权利类型、作品情况进行登记清查，对于基准日后仍然拥有相应权利的作品，在清查表中明确填报其基准日之后仍然拥有的权利类型、期限、使用范围、使用方式等内容，从而作为对其进行价值评估的基础。

4. 著作权运营模式

不同的著作权运营模式对企业著作权资产价值的实现有重大影响。因此，通过对被评估企业著作权运营模式的深入了解，评估人员无论采取何种评估方法，都具有非常重要的参考价值。对于著作权运营产业链长的企业，对其原始作品著作权价值评估，就需要根据其运营模式，考虑衍生产品的开发收益和相应风险以及是否存在期权价值；对于著作权分销运营的企业，则需要考虑作品著作权传播权利各种实现方式的投资、收益及风险。

（三）评估报告披露事项

评估报告的披露，需按照《资产评估准则——资产评估报告》《著作权资产评估指导意见》的规定进行。主要内容如下所示。

1. 作者和著作权权利人的基本情况的披露

作者的创作水平、知名度等对作品著作权价值有较大影响。著作权权利人开发、利用作品的能力及运营模式对作品著作权价值影响也不可忽视。

2. 评估对象的详细组成情况

包括作品基本情况、作品的类别、作品的创作形式、涉及的演绎作品的详细情况。

作品自身特点作为著作权价值的一个影响因素，需要披露给报告使用人，一方面体现出评估师分析著作权价值的过程，另一方面能够使其对著作权价值有比较清晰的认识。

3. 评估对象包含的财产权利限制条件

评估对象包含的财产权利类型较多，且具体权利的使用方式、期限、区域等也都会影响著作权价值。因此，对同一项权利使用条件的限制不同，其价值也会产生差异。

4. 与著作权有关的权利情况

与著作权有关的权利主要是指作品的邻接权，即出版者对其出版的图书和期刊的版式设计享有的权利，表演者对其表演享有的权利，录音录像制作者对其制作的录音录像制品享有的权利，广播电台、电视台对其播放的广播、电视节目享有的权利。这些是新的作者对原始作品再加工所产生的衍生作品的著作权利。由于这些衍生作品依赖于原始作品，因此其著作权与原始作品著作权之间存在交叉。出版者、表演者、录音录像制作者、广播电台、电视台行使权利，不得损害被使用作品和原作品著作权人的权利。

当然，这种情况只是在原始作品有相应衍生作品的情况下才会存在。按照目前的著作权法规，只有图书和期刊、表演、录音录像制品、广播、电视节目这几类作品才具有邻接权。

5. 著作权和与著作权有关权利事项的登记情况

如前所述，权利是否登记、登记内容等对作品权利的利用也会产生影响。

6. 作品含有其他无形资产的情况

很多情况下，作品著作权需要与其他资产一起产生收益，体现价值。对于区分有形资产比较容易，但对于清晰辨识共同作用的无形资产则需要评估师进行更多的工作。因此，披露其他无形资产情况，便于报告使用者清晰了解所评估著作权资产价值的构成。

7. 作品产生收益的方式

著作权剩余法定保护期限以及剩余经济寿命、影响著作权资产价值的法律因素、技术因素、经济因素的分析过程等内容，是评估师量化著作权资产价值的重要工作，也是使报告使用者认可接受评估结论的重要依据。这也是我们前面重点分析的内容。因此对这些内容的考量，是评估报告的核心。

8. 使用的评估假设以及限定条件

无论是怎样的评估结论，无一不是建立在特定假设的基础之上的，另外，一些评估项目的结论还会受到一定条件的限制。只有将这些限制条件说清楚，

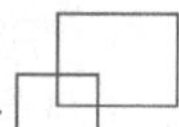

才能使报告使用者对评估报告进行正确且合理的使用。

9. 著作权资产许可、转让、诉讼以及质押等情况

该项要求与第3项评估对象包含的财产权利限制条件有类似的地方。许可、转让、诉讼、质押实际都是对著作权资产财产权利的一种限制，但由于财产权利涉及多种，许可、转让、诉讼、质押可能涉及全部权利，也可能仅涉及部分权利，它们与评估对象可能会完全重合，也可能部分重合或与其无关。因此，这些内容的披露，更容易使报告使用者全面了解评估对象价值的影响因素。

总之，评估过程的充分公开是评估师与报告使用者之间全面沟通的重要环节，体现了评估师的工作成果，有利于评估师重新审视评估过程的逻辑性、完整性，方便使用者充分理解评估结论内涵，从而合理使用评估报告。

第九章 当代文化企业上市并购重组中的资产评估

本章介绍了我国文化企业上市及评估概况，从多个维度揭示文化产业上市公司的特点，并对文化企业的上市评估进行了汇总分析。从资产评估角度阐述了文化企业重组改制需要关注的如无形资产、收益法适用性等特别关注事项，对改制重组资产评估操作流程以及文化企业并购重组中的资产评估问题进行了分析。

第一节 文化企业上市并购重组概况

一、文化产业上市公司概况

加快发展文化产业，需要扩大文化企业的直接融资规模。2005 年 12 月 23 日中共中央、国务院颁发了《关于深化文化体制改革的若干意见》，首次提出允许转制企业文化单位吸收部分社会资本进行股份制改革。2006 年之后，随着中小板及创业板开闸，文化企业上市呈现快速发展态势，振兴了文化产业并使之繁荣发展。据统计，沪深证券交易所 A 股共有文化产业上市公司 105 家，其中有文化产品的生产企业 67 家、文化相关产品的生产企业 38 家。

（一）按类别划分基本情况

1. 按行业分类

根据《文化及相关产业分类（2012）》的规定，文化产业分为两部分：文化产品的生产和文化相关产品的生产。其中文化产品的生产又划分为新闻出版发行服务、广播电视电影服务等七个大类。按照上述大类产业分类标准，105

家文化产业上市公司的分布，如表 9–1 所示。

表 9–1　文化企业按大类产业分类标准划分分布表

类别名称	上市企业数量
一、新闻出版发行服务	16
二、广播电视电影服务	7
三、文化艺术服务	0
四、文化信息传输服务	21
五、文化创意和设计服务	12
六、文化休闲娱乐服务	5
七、工艺美术品的生产	6
八、文化产品生产的辅助生产	7
九、文化用品的生产	24
十、文化专用设备的生产	7
合计	105

十个大类中，文化艺术服务行业整个大类尚无上市公司，该子行业主要涉及的内容包括：文艺创作与表演服务、图书馆与档案馆服务、文化遗产保护服务、群众文化服务、研究和社团服务、广播电视服务文化艺术培训服务和其他文化艺术服务。这些服务行业的企业从独立性和财务收入等方面的上市条件还需要进一步探索与改进。

新闻出版发行服务业有 16 家上市公司，主要集中在出版和发行服务业，目前尚无从事新闻服务的企业上市，这与国家政策限制有关。广播电视电影服务业有 7 家上市公司，主要为电影和影视录音服务，无广播电视服务的企业上市。文化信息传输服务业有 21 家上市公司，细分的三个中类——互联网信息服务、增值电信服务（文化部分）、广播电视传输服务均有涉及。文化创意和设计服务业有 12 家上市公司，细分的四个中类——广告服务、文化软件服务、建筑设计服务、专业设计服务均有涉及。文化休闲娱乐服务主要集中在景区游览服务，有 5 家上市公司。工艺美术品的生产主要集中在珠宝首饰及有关物品制造，有 6 家上市公司。文化产品生产的辅助生产有 7 家上市公司，主要集中在印刷复制业。文化用品的生产企业上市数量最多，有 24 家，涉及的细分行业也较多，如视听设备制造企业就达 9 家之多。文化专用设备的生产企业有 7 家上市公司，主要业务集中在广播电视电影专用设备的制造。

2. 按上市板块分类

中国第一家文化产业上市公司是在深圳证券交易所上市的深康佳 A（000016.SZ），该企业主营业务属文化用品生产中的视听设备的制造；文化产品生产类的第一家上市公司是 1994 年在上海证券交易所上市的东方明珠（600832.SH）。在 2006 年之前，实际上市的企业很少，一直到深圳证券交易所中小板、创业板开闸，文化企业上市数量才逐渐增多。

从上市板块看，主板占据了四成的比例，其次是创业板和中小企业板。从趋势看，越来越多的文化企业选择创业板，这与文化企业的特点、股票发行以及上市的管理制度有关。一定程度上讲，中小板和创业板的设立，为文化企业上市提供了机会。如果考虑上市公司重组情况，其中有 19 家通过重组方式进入文化产业。

3. 按地域分类

从地域分布看，105 家文化产业上市公司分布在 20 个省份，其中广东、北京、浙江和上海分别以 25 家、17 家、14 家和 13 家，居前四位，合计占比高达 66%。

广东、浙江、上海和北京分别位列 1、4、11、13 位；从人均 GDP 来看，上海、北京、浙江和广东分别为 8.26 万元、8.17 万元、5.92 万元、5.08 万元，位列 2、3、5、7 位；从 2011 年各地区居民消费水平绝对数看，上海、北京、浙江和广东分别以 35 439 元、27 760 元、21 346 元和 19 578 元，位列 1、2、3、5 位。这表明文化企业的发展程度与经济水平和人均消费水平呈强相关性。国际经验表明，在人均 GDP 达 3 000 美元 / 年时，对于文化消费的需求明显增加，在 5000 美元 / 年时，会出现井喷式需求。目前，北京、上海等发达城市人均 GDP 已超过 10 000 美元，由此来看，文化消费对文化产业发展和文化企业上市产生了显著的拉动作用。

若按文化产品和文化相关产品来看各省市的上市公司情况，北京、上海、浙江和广东在文化产品生产方面的企业数量分别以 14 家、11 家、11 家和 9 家居前四位。在文化相关产品生产方面，广东以 16 家的数量遥遥领先于其他地区，比第二位的 4 家高出很多。

（二）按上市方式划分基本情况

在 105 家文化产业上市公司中，有 86 家通过首次公开发行成为上市公司，另外 19 家通过并购重组上市。

最早通过借壳方式上市的公司是博瑞传播（600880.SH）。除 2000 年、2001 年各有 1 家企业外，其余重大重组行为均发生在 2007 年之后。这与 2005 年开始的股权分置改革，实现全流通有密切关系。同时 2008 年 4 月《上市公司重大资产重组管理办法》（证监会令第 53 号）的出台，加快了上市公司重组的步伐。

（三）文化产业上市公司在证券市场的份额

沪深证券交易所全部 A 股上市公司 2 494 家，其中文化产业上市公司 105 家，所占比例为 4.21%。文化产业上市公司的总市值 5 529 亿元、流通市值 3 164.39 亿元，占全部 A 股上市公司的比例分别为 2.42%、1.76%，这表明文化产业上市公司对证券交易市场的影响还较小。文化上市企业的总资产金额 5 499.55 亿元、归属母公司的净资产 2 327.08 亿元，相比全部 A 股上市公司的比例仅为 0.46% 和 1.45%，表明文化产业上市公司的资产规模不大与文化企业特点相符，大多属轻资产企业，反映到资产方面，金额较小。如果仅仅从文化产品生产企业来看，比例更小，总市值和流通市值占比为 1.82%、1.23%。如表 9–2 所示。

表 9–2　文化产业上市公司在证券市场中的相关数据统计

项目	企业家数	总市值（亿元）	流通市值（亿元）	总资产（亿元）	净资产（亿元）
全部 A 股上市公司	2 494	228 523.34	180 131.68	1 208 310.88	160 982.00
文化上市公司	105	5 529.00	3 164.39	5 499.55	2 327.08
占全部 A 股上市公司的比例	4.21%	2.42%	1.76%	0.46%	1.45%
文化产品企业	67	4 162.60	2 219.05	2 985.25	1 540.58
占全部 A 股上市公司的比例	2.69%	1.82%	1.23%	0.25%	0.96%
文化相关产品企业	38	1 366.40	945.34	2 514.30	786.50
占全部 A 股上市公司的比例	1.52%	0.60%	0.52%	0.21%	0.49%

全部 A 股上市公司股价的净资产倍数（PB）和净利润倍数（PE）为 1.76 和 13.86，而文化产业上市公司相应的 PB 和 PE 值为 2.38 和 23.84，高出全部 A 股上市公司平均值的 35.22%、73.26%。这从另外一个侧面表明证券市场对于文化企业无形资产价值和成长性的认可。

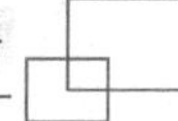

二、我国文化产业上市公司并购重组概况

本部分研究我国文化企业上市并购重组行为，主要指符合证监会《上市公司重大资产重组管理办法（2019 年修订）》且通过并购重组审核委员会审核的重大资产重组。

（一）并购重组总体概览与重点行业分述

在沪深两市通过并购重组上市的 19 家文化企业中，涉及的资产交易规模总计达 251.37 亿元。其中沪市 13 家，交易规模 179.48 亿元，深市 6 家，交易规模 71.89 亿元。

通过重大资产重组上市的 19 家文化企业中，重组后导致公司主业发生重大变化的有 18 家，占 94.74%，未发生变化的 1 家，占 5.26%。从重组规模看，交易总额最大的行业是出版服务业，规模高达 129.75 亿元，占全部交易总额的 51.62%；次多的行业是广播电视传输服务、交易总额为 43.47 亿元，占交易总额的 17.29%。

1. 出版服务

出版服务业成为沪深 A 股市场重组规模最大，借壳上市企业家数最多的行业。从交易规模看，重组标的资产高达 129.75 亿元，占全部文化企业重组交易标的总额的 51.62%。从定价方式看，9 家上市公司重组资产均采用评估结果定价。从评估增值水平看，置入资产的账面总值为 79.47 亿元，置入资产的评估结果为 129.75 亿元，平均增值率为 63.27%。其中，规模最大的是江西省出版集团，经过股份收购、资产出售、发行股份购买资产三个互为条件的步骤，实现了其核心企业——中文天地出版传媒股份有限公司借壳上市的目标。

2. 广播电视传输服务

从交易宗数、交易总额看，广播电视传输服务业分别为 3 家和 43.47 亿元，占全部交易宗数的 15.79%，占交易金额的 17.29%，规模仅次于出版服务业。企业均是通过借壳方式实现上市，3 宗交易置入资产的账面价值为 21.88 亿元，评估值为 43.47 亿元，平均增值率为 98.67%。从个案看，2012 年重组上市的华数传媒，置入新媒体业务和杭州地区有线电视网络业务资产，增值率达 460%。

3. 珠宝首饰

3 家通过重组上市的珠宝首饰业企业，置入资产的账面价值为 9.74 亿元，评估值为23.23亿元，平均增值率为138.50%。3家企业重组前后行业变化分为两类：一类是从非珠宝首饰转化为珠宝首饰，二类是行业性质未发生变化。

从6个子行业置入资产的平均增值率来看，互联网信息服务最高，为256.75%，珠宝首饰和广播电视传输服务都超过90%，最低的行业景区游览服务，为55.20%，整体平均达94.68%。

在19家并购重组上市公司中，民营资本控股的3家，2家为珠宝首饰业，1家为景区游览服务业。在绝大多数并购重组企业中，国有资本担当主导者。较高的资产增值率表明，在资产证券化的过程中实现了国有资产的保值增值，提高了国有及国有控股企业的整体竞争力和运行效率。

（二）文化产业上市公司并购重组特点

1. 资产注入、资产出售、资产置换等多种方式结合

其中非公开发行股票购买资产成为并购重组的主导方式，股份支付的手段创新给并购重组打开了新的空间，如表9–3所示。

表9–3　文化产业上市公司重大并购重组按业务类型分类统计

并购 / 重组类型	数量	比例	交易规模(亿元)	比例
资产注入	8	42.11%	87.87	34.96%
资产出售、资产注入	5	26.32%	99.00	39.38%
资产置换、资产注入	4	21.05%	55.53	22.09%
资产置换	2	10.53%	8.98	3.57%
合计	19	100.00%	251.37	100.00%

从表9–3中可以看出，定向增发（包括有资产置换情况下的定向增发），在数量上所占比例为63.16%，在交易规模上所占比例为57.05%。资产出售及发行股份购买资产，在数量上所占比例为26.32%，在交易规模上所占比例为39.38%。

单纯的资产置换，在企业数量上所占比例为10.53%，在交易规模上所占比例为3.57%。按业务类型的平均交易规模来看，平均值均未超过20亿元。资产出售及资产注入平均增值率高达159.98%。如表9–4所示。

表 9–4 文化产业上市公司重大并购重组平均交易规模及评估值情况

并购 / 重组类型	数量	交易规模（亿元）	平均规模（亿元）	账面值（亿元）	评估值（亿元）	平均增值率
资产注入	8	87.87	10.98	55.23	87.87	59.09%
资产出售、资产注入	5	99	19.80	38.08	99.00	159.98%
资产置换、资产注入	4	55.53	13.88	29.32	55.53	89.39%
资产置换	2	8.98	4.49	6.50	8.98	38.20%
合计	19	251.38	13.23	129.12	251.37	94.68%

2. 被动式并购重组

以挽救危机为交易目的的被动式并购重组，占据绝对多数。19 家重组上市公司中，以挽救危机为交易目的的上市公司数量为 17 家，占全部重组上市公司的 89.47%，以行业整合为目的的有 1 家，为老凤祥；以产业转型为目的的有 1 家，为北巴传媒。以行业整合、产业升级为交易目的的积极式并购重组较少，原因是文化企业的并购重组往往达不到重大重组条件未进行披露。

3. 有较多的出版服务企业加入并购重组

并购重组或实现借壳上市，而退出企业的行业无规律性。19 家重组上市公司中，重组前的行业达 10 多个，重组后主业变为六大类：出版服务、广播电视传输服务、互联网信息服务、珠宝首饰、景区游览服务、广告服务。其中以出版服务居多。

4. 国有和国有控股企业主导的上市公司重组比例较高

国有和国有控股企业主导的上市公司按照重组主体的所有制性质划分，重组比例较高。国有资本在并购重组中扮演主要角色；具有国有性质的企业向上市公司置入资产的家数远远高于民营企业。

5. 资产重组多在省内完成

资产重组在省内完成的居多，体现国有资产重组的行政主导性。19 家重组上市公司中有 14 家在以省为界的区域性内完成，跨省并购的企业为 5 家，体现了某些国有资产重组的行政性，也体现了地方国资迫切希望做大做强的愿望。如广电网络原第一大股东黄河机器制造厂，与重组后的大股东陕西省广播电视信息网络有限责任公司同为省属企业，通过无偿股权划转，后者成为控股股东，然后置入有线网络部分传输设备、广告代理权等文化传媒类资产，既避免了上市公司的退市，又使当地优质资产证券化。

第二节　文化企业改制上市资产评估

一、文化企业改制的特点

文化企业的改制上市是推动文化产业成为国民经济支柱性产业的重要环节。股份制改造设立股份有限公司，根据《中华人民共和国公司法》，作为出资的非货币性资产应当评估作价，核实财产，不得高估或者低估。由于股票发行时，并没有规定需要对资产进行评估，因此，文化企业改制上市资产评估主要指股份改制环节的评估。

（一）登陆资本市场

企业改制上市，登陆资本市场有助于优化自身经营机制及分散风险，加快发展步伐，提高自身价值。

首先，筹集资金，企业通过在资本市场上发行股票，把分散在社会上的闲置资金集中起来，形成巨额的、可供长期使用的资本，用于支持社会化大生产和规模经营；其次，分散风险，将企业经营风险部分地转移和分散给投资者，实现风险的社会化；再次，转换机制，国有文化企业改制成股份公司，分离企业的所有权和经营权，来自股东的监督、资本市场的压力和来自社会的监督，促使上市公司必须改善和健全内部运作机制；最后，优化资源配置，通过一、二级市场股票的流动性，资金逐渐流向效益好、发展前景好的企业。

（二）整体改制为主

改制方式主要以整体改制和整体变更为主，部分文化企业由于行业监管政策限制须进行资产剥离。

企业改制的方式主要有整体改制、部分改制、共同改制和整体变更。从已上市和筹备上市的文化企业可以看出，其改制方式主要以整体改制和整体变更为主。

文化企业改制上市，既要确保符合行业监管政策，又需要尽量满足上市规则中关于主业资产完整改制上市的条件。

通常而言，整体上市符合政策导向，但从实践情况来看，部分文化企业由于其特殊性又必须进行资产剥离。如政策限制的资产、承担公益职能的资产、与主业关系不大的辅业资产等。例如，文化企业拥有的饭店、会议中心、旅游等与主业关系不大的辅业资产；文化企业承担公益职能的资产，例如专门出版

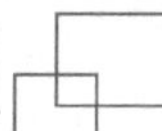

少数民族文字的出版社、地广人稀的少数民族地区的新华书店等。

（三）文化企业改制时对非公有资本进入有相应的政策

文化企业改制上市与一般企业上市最大的区别在于政策的特殊，即关于民营资本、外资投资进入文化产业的限制。但随着文化企业改制上市的发展，政策也有所松动。如国家放宽了投资领域，凡国家法律法规未明确禁止的文化领域，非公有资本均可以进入。

国务院颁布的《文化产业振兴规划》明确支持有条件的文化企业进入主板、创业板上市融资，鼓励已上市的文化企业通过增发、定向增发等再融资方式进行并购重组，迅速做大做强。

1. 图书出版业

保持国有绝对控股的基础上整体上市没有障碍。出版传媒上市时，基于政策因素，人民出版社等几个出版社没有纳入上市范围；但是，中南传媒整体上市时，将包括湖南人民出版社在内的全部出版社都纳入了上市公司。

2. 报刊业

目前上市的报社还没有将采编业务与经营性业务整体上市的先例，只是将经营性业务上市。不过，一些不具有时政敏感性的消费娱乐类、专业类报社，正积极争取将采编业务和经营性业务整体上市，例如体坛周报社。正如图书出版社一样，期刊的编辑和经营性业务在保持国有绝对控股的基础上整体上市已经没有障碍了。

3. 广播影视

目前，广播电台、电视台等还不能整体纳入上市范围，采编与频道必须由电视台掌握，按制播分离的原则，以及采编与经营分离原则进行重组。广播电视传输网络原则上仍要保持国有绝对控股，并禁止外资进入。影视剧制作、发行、放映已经基本对民营资本放开，例如华谊兄弟。

4. 互联网

国家对外资进入互联网服务领域的限制还比较严格，如新浪、搜狐等门户网站都是通过协议控制的模式在境外上市，即持有互联网经营牌照的主体是内资公司，境外上市主体通过一系列协议而不是股权关系控制内资公司。

同时，文化体制改革中国家有一系列的税收优惠政策，涉及企业所得税、增值税、营业税、房产税、城建税及关税等。所以文化企业改制也要关注主营业务是否依赖税收优惠。

（四）同业竞争和关联交易问题相对较多

由于部分出版内容意识形态较强，无法放入上市公司，所以可能形成同业竞争；出版业务和发行业务往往也很难一并上市，所以会形成较多的关联交易。

企业改制设立股份公司引入战略投资者时，经常会选择行业内的企业，例如上游供应商和下游客户，虽然这样可以稳定客户关系，开拓业务发展空间，但很容易形成关联交易和同业竞争。

例如，吉视传媒（601929.SH），与控股股东之间存在关联交易。其中电视节目传输属于最主要的经常性关联交易。电视台依托广电网络传输电视节目，广电网络运营商通过传输广播电视节目向用户收取基本收视维护费，两者相互依存，因此会造成股份公司与控股股东存在电视节目传输方面的经常性关联交易。为了规范关联交易行为，保护公司上市后中小投资者的利益，某公司与吉林电视台、长春电视台就电视节目传输签署了传输协议，按照现有市场标准收取传输费用。

（五）土地来源方式较多，权属完善难度大

文化企业（特别是新华书店系统、广播电视系统企业）通常拥有大量良好地段、划拨土地和房产，在改制上市过程中问题较为突出。

国有文化企业土地多数为划拨土地，由于历史原因，往往存在土地权属不完善、土地登记用途不规范、出让地无合同或未交齐出让金等诸多问题。

（六）文化企业改制要解决国有股权被稀释的可能性

通过金股等特殊的制度安排，能够解决整体上市与文化安全两者之间的矛盾，而且类似的制度安排在国外也有实例可以借鉴。所谓金股是指在股东大会上可对股份公司重大的事项行使一票否决权，这一制度安排有助于解决文化产业企业上市困难的问题，在公司章程中设计这样的特别条款，确保国有出资人即使在股权被稀释的情况下，也不会丧失对董事会的控制力。

二、文化企业改制上市评估概况

一般情况下，文化企业从改制设立股份公司到最终上市，包括这期间的一系列增资、重组等都会涉及资产评估行为，下面对沪、深两市 105 家文化企业的评估情况进行综述。

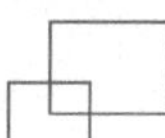

（一）评估次数

在上市过程中，通过评估 89 家文化企业，其中评估次数最多的为在创业板上市的宋城股份（300144.SZ），前后共进行了 10 次评估，多数为产权转让。89% 的企业在上市之前都进行了一到两次的评估，因为文化企业上市一般要经过改制设立股份公司到最终发行上市，其中涉及的有关经济行为都有评估的要求。

根据不同的评估目的可以发现，以改制为目的的评估次数最多，占比 41.3%。这体现了我国文化企业自身发展的特殊性。如表 9–5 所示。

表 9–5　文化企业上市不同评估目的下评估次数表

评估目的	改制	增资	资产重组	发行上市	其他	合计
评估次数	57	17	47	11	6	138

（二）评估方法

资产评估主要评估方法有收益法、市场法和成本法。这 89 家文化企业涉及的 138 次评估当中，绝大多数采用了成本法和收益法。

1. 根据评估目的分析

文化企业改制设立股份公司，多数采用成本法定价，收益法进行验证。在上市的文化企业当中，以改制为目的的评估，有 45 家企业采用了成本法定价，占比 79%；以增资为目的的评估，成本法和收益法定价各占一半；资产重组，包括资产置换、股权转让收购、债务重组等，定价方法是成本法占据主导；以发行上市为目的的评估中，全部都采用成本法定价。

2. 根据《文化及相关产业分类（2012）》分析

据统计，文化企业各子类行业采用成本法定价的比例为 65% 以上，其中文化专用设备的生产和文化产品生产的辅助生产两个子类，全部都是采用成本法定价。收益法定价占比较高的行业主要为文化信息传输服务、新闻出版发行服务和广播电视电影服务。这三个子类都属于文化产品大类，涉及的无形资产、土地使用权评估较多，收益法定价更看重企业的获利能力，也更能体现文化企业未来发展潜力。如表 9–6 所示。

表 9–6　文化企业分行业评估方法汇总表

子行业分类	成本法	收益法	市场法
新闻出版发行服务	19	6	0
广播电视电影服务	7	3	0
文化专用设备的生产	5	0	0
文化信息传输服务	17	9	0
文化创意和设计服务	10	2	0
文化休闲娱乐服务	11	1	0
工艺美术品生产	6	0	1
文化产品生产的辅助生产	12	0	0
文化用品的生产	12	5	1
合计	99	26	2

（三）增减值情况

据统计，89 家披露了资产评估情况的文化企业当中，除 8 家企业的评估值较账面值减值外，其余均体现为增值。评估减值的情况主要有：资产重组时置出资产、资产转让或者资产剥离。新闻出版发行服务类减值相对较高，其中粤传媒（002181.SZ）资产转让时涉及的 7 家企业有 5 家都出现了大幅度的减值。

三、文化企业改制设立股份公司的资产评估

（一）设立股份公司需要评估的资产范围

经过整体变更或者整体改制的方式，一个企业可以改制成为股份公司。大多数情况下，有限责任公司是企业在整体变更前的形式，整体变更后的股份有限公司与之前的公司是一种继承的关系；有限责任公司和国有企业、事业单位或集体企业都可以是整体改制前的企业形式，这种类型的在整体改制后设立的股份有限公司属于新设公司，与原公司不存在必然的继承关系。

整体改制与整体变更的一个明显区别是，整体变更时以审计的净资产折股，而不以评估值验资折股；但整体改制一般以评估值验资、折股。

在不涉及资产剥离的情况下，整体变更的债权债务由变更后的股份公司自然继承，不需要特别的许可；而整体改制过程中的债务转移需要取得债权人的同意才能进行。

文化企业在所有企业类型中，具有一定的特殊性质，所以一般情况下，文

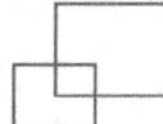

化企业在整体改制后都属于新设立的公司，在评估过程中最为重要的是评估值验资、折股的资产评估。

（二）资产评估的一般流程

一般来说，资产评估通常包括以下程序。

①评估双方明确评估业务基本事项。

②评估双方签订业务约定书。

③评估师编制评估计划，获得双方认可。

④评估师现场调查，并收集评估资料。

⑤评估师评定估算。

⑥编制和出具评估报告，工作底稿归档。

（三）资产评估应注意的事项

1. 资产评估的合规性

企业及资产评估机构应当按照资产评估管理的有关法规、制度和准则规范进行资产评估，并按规定的资产评估报告格式制作资产评估报告。

2. 资产评估结论使用的有效期

资产评估结论一般自评估基准日起一年内有效，超过有效期的，原资产评估报告无效，须重新进行评估。

3. 资产评估机构的资质

企业在聘请资产评估机构时，应当注意其是否具有与评估对象相适应的资质条件。

4. 未提供审计业务服务

资产评估机构未向同一经济行为提供审计业务服务。

5. 合理使用评估方法

资产评估报告中应当根据评估对象、价值类型、资产收集情况等相关条件，分析资产评估基本方法的适用性，恰当选择评估方法，形成合理评估结论，应当科学合理地使用评估假设，并在评估报告中披露评估假设及其对评估结论的影响。

6. 保持一致性

评估结论的使用必须与所对应的经济行为保持一致。如中央文化企业改制设立股份有限公司的评估结论仅适用于其工商注册登记，不得用于引入战略投资者和首次公开发行上市。

（四）资产评估方法的选择

企业在改制设立股份公司时，为确定出资资产的价值，通常采用成本法进行评估，收益法作为验证。市场法由于可比案例获得困难，较少采用。

在设立股份公司后、上市前，往往还会进行一系列的增资。由于文化企业涉及较多的无形资产，为充分体现企业整体价值，企业多采用收益法进行评估，并选择收益法的评估结果作为最终值。例如，中南传媒设立和增资时的两次资产评估。

1. 设立时的资产评估

本次评估中净资产评估值与账面值相比，评估增值率为 149.97%。主要增值的原因为：公司本部及下属子公司所拥有的固定资产和无形资产（土地使用权）评估值较账面值增值较大。土地使用权评估增值在于土地取得时间较早，划拨地无账面值，出让地付的出让金较低。近年随着经济以及房地产业的快速发展，土地价格不断升高，形成评估增值。

本次评估纳入评估范围的长期股权投资单位共计 14 家，其中 11 家属于需要改制的全民所有制企业，考虑到本次评估目的是设立股份有限公司，同时也要为 11 家全民所有制单位改制为公司制提供工商登记和注册服务，因此，对 11 家全民所有制单位，采用资产基础法评估，确定中南出版传媒集团股份有限公司对各股权单位出资的价值。对于另 3 家已改制成为有限责任公司的单位，则采用收益法评估结果作为中南出版传媒集团股份有限公司对其出资的价值。

2.2009 年增资时的资产评估

根据 2009 年 3 月 11 日湖南省财政厅的有关批复，中南传媒向华菱钢铁等 5 家投资者发行 1.98 亿股人民币普通股。为此，中南传媒委托资产评估机构，以 2008 年 12 月 31 日为评估基准日，对中南传媒进行了资产评估。

本次分别采用资产基础法和收益法两种方法进行评估。收益法评估值增值率 43.41%，资产基础法评估增值率 24.23%。最后选择收益法结果作为最终评估值。原因在于成本法结果难以客观、合理地反映被评估企业的整体价值，采用收益法更加合理全面。

（五）文化企业改制资产评估特别关注事项

文化企业和其他企业的显著区别是，著作权、品牌等无形资产在市场竞争

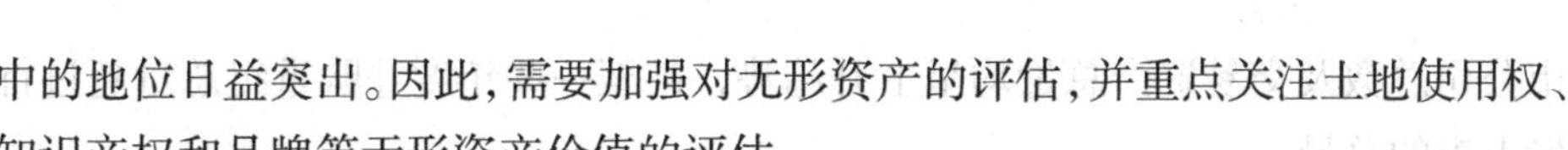

中的地位日益突出。因此，需要加强对无形资产的评估，并重点关注土地使用权、知识产权和品牌等无形资产价值的评估。

1. 土地使用权的评估

文化企业改制为股份公司时不仅涉及出让地的评估，还会涉及划拨地的评估，根据企业类型和改制的需要，可以采用出让、租赁、作价入股、授权经营和保留划拨等方式进行处置。

2. 知识产权的评估

文化企业是知识产权的生产者、使用者和传播者。例如，作者写成小说，通过出版社出版，经编剧改编为剧本，制片人制作成电影，手机电视服务提供者将其重新剪辑成简短的手机电视，手机用户将其下载后又上传到电影网站分享，如此反复的传播过程，涉及传统媒体和新媒体的各个环节的知识产权问题，需要加强对以上传播过程的重视。文化产业作为新兴产业，其无形资产涵盖的范围广，内容比较复杂，以著作权为例，不同的行业涉及的著作权也有差异。

3. 品牌价值的评估

有些文化企业在多年经营过程中，积聚和培育了有影响力的品牌，品牌能够为企业赢得稳定而持久的市场，有利于扩大市场份额，带来更好的经济效益。因此，在企业改制评估时，要通过运用适当的评估方法加以评估，并体现在企业整体价值中。

此外，文化企业进行股份制改制时，为了防止出资不实的问题，必须进行评估。从现有阶段看，实践中主要是配合工商部门的需要，一般只采用成本法（资产基础法）对资产和负债进行评估。由于进行股改的文化企业多是为上市做准备，所以应在评估时考虑企业的赢利模式和获利能力，除著作权资产外，还要考虑企业商标权、特许权和市场渠道等无形资产的价值，这些都无法通过成本法体现出来，需要加强收益法的应用。

第三节　文化企业并购重组中的资产评估

一、文化企业并购重组资产评估的整体状况分析

从目前上市的105家文化企业来看，有86家企业是通过发行上市，另外19家是通过并购重组方式借壳上市。从沪、深两市整体情况看，并购重组的上

市公司总数及交易资产总量均呈上升趋势，甚至一些年度并购重组总量超过首发上市的总量。

（一）并购重组涉及资产评估业务的主要特点

1. 以评估结果作为并购重组交易定价基础

以资产评估结果作为并购重组交易定价基础是交易各方主要的选择。19 家重大资产重组上市公司，除 1 家置出资产是以协议价格确定的外，其余的置入资产和置出资产均以评估值定价。

2. 置入增值率高于置出增值率

并购重组中上市公司置入的增值率显著高于置出的增值率。涉及置出资产的有 12 家，除 1 家置出资产是以双方协议价格确定的，且无账面值披露外，其余 11 家最大的增值率为 192.79%，最小增值率为 35.10%。增值最大的是白猫股份（浙报传媒重组前），主要原因是账面未反映的商标等无形资产以及土地增值。置出资产价值最大的是广电信息（百视通重组前），评估值为 30.99 亿元，增值率 25.63%。

通过增发股份将优质、盈利资产注入上市公司，实现资产上市是重大资产重组的主要推力和重要构成。

3. 成本法与收益法结合

并购重组中购买资产的评估方法采用成本法和收益法结合为主，评估结果定价两种方法各占一半，出售资产以成本法为主，这种评估方式较为单一。注入资产的评估方法中，2005 年前一般采用单一的成本法或收益法，在 2005 年执行《企业价值评估指导意见（试行）》后，均采用两种方法进行评估，其中主要采用成本法和收益法两种方法结合的方式；而置出资产均采用成本法，并以成本法结果进行定价。

（二）并购重组资产评估需要关注的问题

1. 并购价值类型的选择

文化企业并购重组资产评估，应针对并购行为的性质，进一步研究明确价值类型。并购交易中，目标企业拥有不同层次的价值：目标企业账面资产价值、目标企业市场价值、并购双方协同作用后的价值、目标企业的战略投资价值。评估实践中，主要采用了市场价值类型，反映自愿交易双方在理性情况下正常

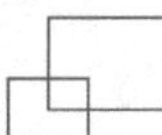

公平交易的价值数额，这种价值类型强调了交易的公允性。

作为市场化的并购而言，站在并购企业角度，通常更看重并购双方的协同价值，该价值体现在并购企业与目标企业合并后产生的规模经济效益、外部交易的内部化、生产要素的重新组合，以及共享企业的商标、专利、技术、销售渠道等方面。该价值等于目标企业自身价值加上协同作用而新增的价值，更客观地反映并购的实质，但对协同价值的评估也避免过于乐观，否则当预期的协同作用价值未出现时，会由于已付出较高的代价，对收购公司经营产生不利的影响。

并购目标企业最高层次为战略价值，主要包括扩展新市场，寻找新的利润增长点，扩大市场占有率，冲破贸易堡垒，消除竞争，提高垄断地位等。当今国际资本市场上企业间的并购行为很多是发生在战略需求层次上，随着我国文化产业的发展，企业间的战略并购也在增多，并购的战略价值越来越受到重视。

2. 重大资产重组中价值的影响

目前，上市公司发行股份购买股东资产时，相对于控股股东而言，重大资产重组中的上市公司一方往往处于劣势、弱势或不平等地位，这是因为，上市公司这一方对资产的交易定价、交易方式没有对等的话语权。部分项目评估方法的选用以及评估结果受到交易关联性、重组方案设计的局限性等多种因素影响。

二、并购重组资产评估中有关评估方法研究

（一）并购重组中评估方法应用结构

1. 关于成本法的应用分析

在持续经营前提下，运用成本法对企业价值进行评估存在一定的局限性。成本法无法把握持续经营企业价值的整体性和各单项资产的整合效应。

2. 关于市场法的应用分析

类似资产成交价格等可比数据的缺乏限制了企业整体价值评估时市场法的运用。

①被评估企业与参照企业之间的可比性和个体差异问题。

②企业交易案例的差异。

③不存在一个可以共享的企业交易案例资料库。

④案例和交易的发生时间、市场条件和宏观环境又各不相同。

⑤评估人员对这些影响因素的分析也会存在主观和客观条件上的障碍。

3. 关于收益法的应用分析

企业整体价值评估收益法的准确性受到并购重组外部环境不成熟的影响。被并购企业未来收益的可获取性决定了收益现值的标准，由于各种因素的不断变化以及各种经济关系不合理的比例关系，我国的市场经济体制仍有待改进和完善。以成本法为主，以收益法为辅仍然是近期内对被并购企业的整体资产进行评估的主要方式。

（二）并购重组中评估方法运用特点

1. 评估方法的运用丰富多样

不同的评估对象都自身的特点和情况，评估机构应根据这些特点和情况，做出真正能够客观反映资产价值的方式进行评估。根据情况进行有区别的选择使用评估方法，才能真正起到提升评估结果合理性的效果，才能使价值被客观地发现。所以，我们要尽可能地使用更加丰富的评估手段，取得更加好的评估效果。比如对著作权收益法的评估，就有增量收益法、超额收益法、许可费节省法等。

2. 根据并购重组原因不同，灵活运用评估方法

并购重组的原因多种多样，我们应灵活地采用各种评估方法，根据不同的原因采取更加适合的评估方法，不能生搬硬套，影响评估结果的效果以及精准性。具体有以下几种原因及相对应的应使用的评估方法。

第一，如果被并购重组的企业，生产经营运行良好，效益高，获得利益能力强，这样的企业类型采用以收益现值为标准的资产评估更加适合。

第二，如果被并购重组的企业，生产经营状态不佳，经营管理较差，获得利益能力弱，在很长一段时间内都是勉强赢利的状态，发展前景不明朗，发展空间有限，这种类型的企业采用以重置成本为标准的资产评估更加适合。

第三，如果被并购重组的企业，经营不善，在很长一段时间内都处于入不敷出的亏损状态，已经没有可以持续发展的空间，生产和经营很难继续进行，已经没有发展前途，这种类型的企业采用以清算价格为标准的资产评估更为适合。

3. 评估方法逐步与国际接轨

收益法是国际上比较常用的估值方法，这种方法被普遍运用到并购重组中。

这种现象表明在评估方法的运用方面，国内上市公司并购重组的方式已逐渐与国际接轨，涉外项目中评估报告的可用性大大增强。与国际接轨的评估估值，为跨国并购的实施奠定了牢固的基础。在定价方面，出版服务业以成本法结果居多，广播电视传输服务以收益法结果居多。值得一提的是，三家珠宝首饰业全部选择了成本法定价，对这些企业的主要资产存货——珠宝首饰，均以市场价进行了估值，其隐含的价值已体现。

4. 评估方法的技术含量逐步提高

各类评估方法的运用需要依靠评估人员的主观判断，收益法评估在这方面的体现尤其明显。评估人员的素质和能力成为使用这种方法能否得出精准评估结果的重要因素。在现实的评估过程中，经常发生因参数选取不恰当，引起市场上的质疑事件，以及因此产生的不良连锁反应。为了使评估参数的选取更加合理以及评估技术的完善和提高，我们必须加强监管力度，切实落实行业规范，注重实践活动，努力提高评估技术含量，促进市场的成熟和发展。

参考文献

[1] 李锦望．现代企业文化管理新探 [M]．北京：中国金融出版社，2015．

[2] 张志宇．企业管理新论——用文化管理企业的探索 [M]．北京：企业管理出版社，2015．

[3] 娄萌．管理者的终极智慧：企业文化建设与管理 [M]．北京：中国财富出版社，2015．

[4] 霍海涛．知识管理、企业文化与组织效能的相关性研究 [M]．长春：吉林大学出版社，2013．

[5] 董平分．企业价值观管理与企业文化场 [M]．北京：航空工业出版社，2008．

[6] 潘永志．企业文化与企业管理 [M]．北京：人民日报出版社，2014．

[7] 杨浩，宋联可．企业文化力机制研究——基于战略人力资源管理视角 [M]. 上海：上海财经大学出版社，2013．

[8] 刘新荣．文化资本：产业战略和企业管理 [M]．长沙：国防科技大学出版社，2007．

[9] 赵燕，李艳．企业财务管理 [M]．北京：首都经济贸易大学出版社，2016．

[10] 张学惠，张晶．企业财务管理 [M]．北京：北京交通大学出版社，2014．

[11] 高鹏飞，崔奇，董建伟．企业管理 [M]．北京：中央广播电视大学出版社，2014．

[12] 秦远建．企业战略管理 [M]．武汉：武汉理工大学出版社，2017．

[13] 李勤梅．当代企业人力资源要素研究与优化 [M]．北京：中国商业出版社，2017．

[14] 李中斌. 企业人力资源管理新论 [M]. 成都：电子科技大学出版社，2014.

[15] 张先治，池国华. 企业价值评估 [M]. 大连：东北财经大学出版社，2013.

[16] 钱磊. 企业文化建设与企业核心竞争力发展关系研究 [J]. 企业改革与管理，2018（8）：193-194.

[17] 佟丽娜. 企业文化创新对企业管理创新的影响分析 [J]. 中小企业管理与科技（中旬刊），2018（4）：50-52.

[18] 刘梦琼. 企业文化建设在企业管理中的重要性分析 [J]. 企业改革与管理，2018（6）：157.

[19] 甄呈. 企业文化创新对企业管理创新的影响力 [J]. 环渤海经济瞭望，2018（11）：117.